8° F Pièce
4242

RÉPUBLIQUE FRANÇAISE

MINISTÈRE DE L'AGRICULTURE

DÉPÔT LÉGAL
319 × 1908

AF317128

SERVICE

DE LA

RÉPRESSION DES FRAUDES

RECUEIL

DES

Lois, Décrets, Arrêtés et Circulaires ministérielles

87 Pièce

4242

BERGER-LEVRAULT ET Cⁱᵉ, ÉDITEURS

PARIS | **NANCY**

5, RUE DES BEAUX-ARTS, 5 | 18, RUE DES GLACIS, 18

1908

MINISTÈRE DE L'AGRICULTURE

SERVICE

DE LA

RÉPRESSION DES FRAUDES

LOI DU 1er AOUT 1905

RELATIVE A LA RÉPRESSION DES FRAUDES DANS LA VENTE DES MARCHANDISES ET DES FALSIFICATIONS DES DENRÉES ALIMENTAIRES ET DES PRODUITS AGRICOLES

Le Sénat et la Chambre des députés ont adopté,
Le président de la République promulgue la loi dont la teneur suit :

ART. 1. — Quiconque aura trompé ou tenté de tromper le contractant :
Soit sur la nature, les qualités substantielles, la composition et la teneur en principes utiles de toutes marchandises ;
Soit sur leur espèce ou leur origine lorsque, d'après la convention ou les usages, la désignation de l'espèce ou de l'origine faussement attribuées aux marchandises devra être considérée comme la cause principale de la vente ;
Soit sur la quantité des choses livrées ou sur leur identité, par la livraison d'une marchandise autre que la chose déterminée qui a fait l'objet du contrat,
Sera puni de l'emprisonnement, pendant trois mois au moins, un an au plus, et d'une amende de cent francs (100 fr.) au moins, de cinq mille francs (5 000 fr.) au plus, ou de l'une de ces deux peines seulement.

ART. 2. — L'emprisonnement pourra être porté à deux ans, si le délit ou la tentative de délit prévus par l'article précédent ont été commis :
Soit à l'aide de poids, mesures et autres instruments faux ou inexacts ;
Soit à l'aide de manœuvres ou procédés tendant à fausser les opérations de

l'analyse ou du dosage, du pesage ou du mesurage, ou bien à modifier frauduleusement la composition, le poids ou le volume des marchandises, même avant ces opérations ;

Soit, enfin, à l'aide d'indications frauduleuses tendant à faire croire à une opération antérieure et exacte.

Art. 3. — Seront punis des peines portées par l'article 1 de la présente loi :

1° Ceux qui falsifieront des denrées servant à l'alimentation de l'homme ou des animaux, des substances médicamenteuses, des boissons et des produits agricoles ou naturels destinés à être vendus ;

2° Ceux qui exposeront, mettront en vente ou vendront des denrées servant à l'alimentation de l'homme ou des animaux, des boissons et des produits agricoles ou naturels qu'ils sauront être falsifiés ou corrompus ou toxiques ;

3° Ceux qui exposeront, mettront en vente ou vendront des substances médicamenteuses falsifiées ;

4° Ceux qui exposeront, mettront en vente ou vendront, sous forme indiquant leur destination, des produits propres à effectuer la falsification des denrées servant à l'alimentation de l'homme ou des animaux, des boissons et des produits agricoles ou naturels et ceux qui auront provoqué à leur emploi par le moyen de brochures, circulaires, prospectus, affiches, annonces ou instructions quelconques.

Si la substance falsifiée ou corrompue est nuisible à la santé de l'homme ou des animaux ou si elle est toxique, de même si la substance médicamenteuse falsifiée est nuisible à la santé de l'homme ou des animaux, l'emprisonnement devra être appliqué. Il sera de trois mois à deux ans et l'amende de cinq cents francs (500 fr.) à dix mille francs (10 000 fr.).

Ces peines seront applicables même au cas où la falsification nuisible serait connue de l'acheteur ou du consommateur.

Les dispositions du présent article ne sont pas applicables aux fruits frais et légumes frais fermentés ou corrompus.

Art. 4. — Seront punis d'une amende de cinquante francs (50 fr.) à trois mille francs (3 000 fr.) et d'un emprisonnement de six jours au moins et de trois mois au plus, ou de l'une de ces deux peines seulement :

Ceux qui, sans motifs légitimes, seront trouvés détenteurs dans leurs magasins, boutiques, ateliers, maisons ou voitures servant à leur commerce ainsi que dans les entrepôts, abattoirs et leurs dépendances et dans les gares ou dans les halles, foires et marchés :

Soit de poids ou mesures faux ou autres appareils inexacts servant au pesage ou au mesurage des marchandises ;

Soit de denrées servant à l'alimentation de l'homme ou des animaux, de boissons, de produits agricoles ou naturels qu'ils savaient être falsifiés, corrompus ou toxiques ;

Soit de substances médicamenteuses falsifiées ;

Soit de produits, sous forme indiquant leur destination, propres à effectuer la falsification des denrées servant à l'alimentation de l'homme ou des animaux, ou des produits agricoles ou naturels ;

Si la substance alimentaire falsifiée ou corrompue est nuisible à la santé de l'homme ou des animaux ou si elle est toxique, de même si la substance médicamenteuse falsifiée est nuisible à la santé de l'homme ou des animaux, l'emprisonnement devra être appliqué.

Il sera de trois mois à un an et l'amende de cent francs (100 fr.) à cinq mille francs (5 000 fr.).

Les dispositions du présent article ne sont pas applicables aux fruits frais et légumes frais fermentés ou corrompus.

Art. 5. — Sera considéré comme étant en état de récidive légale quiconque, ayant été condamné par application de la présente loi ou par application des lois sur les fraudes dans la vente :

1° Des engrais (Loi du 4 février 1888) ;

2° Des vins, cidres et poirés (Lois des 14 août 1889, 11 juillet 1891, 24 juillet 1894, 6 avril 1897) ;

3° Des sérums thérapeutiques (Loi du 25 avril 1895);

4° Des beurres (Loi du 16 avril 1897) ;

5° De la saccharine (art. 49 et 53 de la loi du 30 mars 1902) ;

6° Des sucres (Loi du 28 janvier 1903, art. 7 ; loi du 31 mars 1903, art. 32).

Aura, dans les cinq ans qui suivront la date à laquelle cette condamnation sera devenue définitive, commis un nouveau délit tombant sous l'application de la présente loi ou des lois susvisées.

Au cas de récidive, les peines d'emprisonnement et d'affichage devront être appliquées.

Art. 6. — Les objets dont les vente, usage ou détention constituent le délit, s'ils appartiennent encore au vendeur ou détenteur, seront confisqués ; les poids et autres instruments de pesage, mesurage ou dosage, faux ou inexacts, devront être aussi confisqués et, de plus, seront brisés.

Si les objets confisqués sont utilisables, le tribunal pourra les mettre à la disposition de l'administration, pour être attribués aux établissements d'assistance publique.

S'ils sont inutilisables ou nuisibles, les objets seront détruits ou répandus aux frais du condamné.

Le tribunal pourra ordonner que la destruction ou effusion aura lieu devant l'établissement ou le domicile du condamné.

Art. 7. — Le tribunal pourra ordonner, dans tous les cas, que le jugement de condamnation sera publié intégralement ou par extraits dans les journaux qu'il désignera et affiché dans les lieux qu'il indiquera, notamment aux portes du domicile, des magasins, usines et ateliers du condamné, le tout aux frais du condamné, sans toutefois que les frais de cette publication puissent dépasser le maximum de l'amende encourue.

Lorsque l'affichage sera ordonné, le tribunal fixera les dimensions de l'affiche et les caractères typographiques qui devront être employés pour son impression.

En ce cas et dans tous les autres cas où les tribunaux sont autorisés à ordonner l'affichage de leur jugement à titre de pénalité pour la répression des fraudes, ils devront fixer le temps pendant lequel cet affichage devra être maintenu, sans que la durée en puisse excéder sept jours.

Au cas de suppression, de dissimulation ou de lacération totale ou partielle des affiches ordonnées par le jugement de condamnation, il sera procédé de nouveau à l'exécution intégrale des dispositions du jugement relatives à l'affichage.

Lorsque la suppression, la dissimulation ou la lacération totale ou partielle aura été opérée volontairement par le condamné, à son instigation ou par ses ordres, elle entraînera contre celui-ci l'application d'une peine d'amende de cinquante francs (50 fr.) à mille francs (1 000 fr.).

La récidive de suppression, de dissimulation ou de lacération volontaire d'affiches par le condamné, à son instigation ou par ses ordres, sera punie d'un emprisonnement de six jours à un mois et d'une amende de cent francs (100 fr.) à deux mille francs (2 000 fr.).

Lorsque l'affichage aura été ordonné à la porte des magasins du condamné, l'exécution du jugement ne pourra être entravée par la vente du fonds de commerce réalisée postérieurement à la première décision qui a ordonné l'affichage.

ART. 8. — Toute poursuite exercée en vertu de la présente loi devra être continuée et terminée en vertu des mêmes textes.

L'article 463 du Code pénal (¹) sera applicable, même au cas de récidive, aux délits prévus par la présente loi.

Le tribunal, en cas de circonstances atténuantes, pourra ne pas ordonner l'affichage et ne pas appliquer l'emprisonnement.

Le sursis à l'exécution des peines d'amende édictées par la présente loi ne pourra être prononcé en vertu de la loi du 26 mars 1891.

——— ————————

(¹) Code pénal, article 463. — (*Loi du 13 mai 1863*). Les peines prononcées par la loi contre celui ou ceux des accusés reconnus coupables, en faveur de qui le jury aura déclaré les circonstances atténuantes, seront modifiées ainsi qu'il suit : — Si la peine prononcée par la loi est la mort, la cour appliquera la peine des travaux forcés à perpétuité ou celle des travaux forcés à temps. — Si la peine est celle des travaux forcés à perpétuité, la cour appliquera celle des travaux forcés à temps ou celle de la réclusion. — Si la peine est celle de la déportation dans une enceinte fortifiée, la cour appliquera celle de la déportation simple ou celle de la détention ; mais dans les cas prévus par les articles 96 et 97, la peine de la déportation simple sera seule appliquée. — Si la peine est celle de la déportation, la cour appliquera la peine de la détention ou celle du bannissement. — Si la peine est celle des travaux forcés à temps, la cour appliquera la peine de la réclusion ou les dispositions de l'article 401, sans toutefois pouvoir réduire la durée de l'emprisonnement au-dessous de deux ans. — Si la peine est celle de la réclusion, de la détention, du bannissement ou de la dégradation civique, la cour appliquera

Art. 9. — Les amendes prononcées en vertu de la présente loi seront réparties d'après les règles tracées à l'article 11 de la loi de finances du 26 décembre 1890, modifiée par l'article 45 de la loi de finances du 29 avril 1893 et par l'article 83 de la loi de finances du 13 avril 1898.

Les délinquants condamnés aux dépens auront à acquitter, de ce chef, en dehors des frais ordinaires et au profit des communes, les frais d'expertise engagés par ces dernières lorsqu'elles auront pris l'initiative de déceler la fraude et d'en saisir la justice (laboratoires municipaux).

La commission départementale peut, sur la proposition du préfet, accorder, aux communes qui auront organisé une police municipale alimentaire, des subventions prélevées sur le reliquat disponible du fonds commun.

Art. 10. — En cas d'action pour tromperie ou tentative de tromperie sur l'origine des marchandises, des denrées alimentaires ou des produits agricoles et naturels, le magistrat instructeur ou les tribunaux pourront ordonner la production des registres et documents des diverses administrations, et notamment celle des contributions indirectes, et des entrepreneurs de transports.

Art. 11. — Il sera statué par des règlements d'administration publique sur les mesures à prendre pour assurer l'exécution de la présente loi, notamment en ce qui concerne :

1° La vente, la mise en vente, l'exposition et la détention des denrées, boissons, substances et produits qui donneront lieu à l'application de la présente loi ;

2° Les inscriptions et marques indiquant soit la composition, soit l'origine des marchandises, soit les appellations régionales et de crus particuliers que les acheteurs pourront exiger sur les factures, sur les emballages ou sur les produits eux-mêmes, à titre de garantie de la part des vendeurs, ainsi que les indications extérieures ou apparentes nécessaires pour assurer la loyauté de la vente et de la mise en vente ;

3° Les formalités prescrites pour opérer des prélèvements d'échantillons

---

les dispositions de l'article 401, sans toutefois pouvoir réduire la durée de l'emprisonnement au-dessous d'un an. — Dans le cas où le code prononce le maximum d'une peine afflictive, s'il existe des circonstances atténuantes, la cour appliquera le minimum de la peine ou même la peine inférieure. — (*Décret du 27 novembre 1870*). Dans tous les cas où la peine de l'emprisonnement et celle de l'amende sont prononcées par le Code pénal, si les circonstances paraissent atténuantes, les tribunaux correctionnels sont autorisés, même en cas de récidive, à réduire l'emprisonnement même au-dessous de six jours et l'amende même au-dessous de seize francs ; ils pourront aussi prononcer séparément l'une ou l'autre de ces peines, et même substituer l'amende à l'emprisonnement, sans qu'en aucun cas elle puisse être au-dessous des peines de simple police. — (*Loi du 26 octobre 1888*). Dans le cas où l'amende est substituée à l'emprisonnement, si la peine de l'emprisonnement est seule prononcée par l'article dont il est fait application, le maximum de cette amende sera de trois mille francs.

et procéder contradictoirement aux expertises sur les marchandises suspectes ;

4° Le choix des méthodes d'analyse destinées à établir la composition, les
éléments constitutifs et la teneur en principes utiles des produits ou à reconnaître leur falsification ;

5° Les autorités qualifiées pour rechercher et constater les infractions à la
présente loi, ainsi que les pouvoirs qui leur seront conférés pour recueillir
des éléments d'information auprès des diverses administrations publiques et
des concessionnaires de transports.

Art. 12. — Toutes les expertises nécessitées par l'application de la présente loi seront contradictoires et le prix des échantillons reconnus bons sera
remboursé d'après leur valeur le jour du prélèvement.

Art. 13. — Les infractions aux prescriptions des règlements d'administration publique pris en vertu de l'article précédent seront punies d'une amende
de seize francs (16 fr.) à cinquante francs (50 fr.).

Au cas de récidive dans l'année de la condamnation, l'amende sera de cinquante francs (50 fr.) à cinq cents francs (500 fr.).

Au cas de nouvelle infraction constatée dans l'année qui suivra la deuxième
condamnation, l'amende sera de cinq cents francs (500 fr.) à mille francs
(1 000 fr.) et un emprisonnement de six jours à quinze jours pourra être
prononcé.

Art. 14. — L'article 423, le paragraphe 2 de l'article 477 du Code pénal,
la loi du 27 mars 1851 tendant à la répression plus efficace de certaines
fraudes dans la vente des marchandises, la loi des 5 et 9 mai 1855 sur la
répression des fraudes dans la vente des boissons sont abrogés.

Néanmoins, les incapacités électorales édictées par la loi du 24 janvier
1889 continueront à être appliquées comme conséquence des peines prononc-
cées en vertu de la présente loi.

Art. 15. — Les pénalités de la présente loi et ses dispositions en ce qui
concerne l'affichage et les infractions aux règlements d'administration publique rendus pour son exécution sont applicables aux lois spéciales concernant la répression des fraudes dans le commerce des engrais, des vins,
cidres et poirés, des sérums thérapeutiques, du beurre et de la fabrication
de la margarine. Elles sont substituées aux pénalités et dispositions de l'article 423 du Code pénal et de la loi du 27 mars 1851 dans tous les cas où
des lois postérieures renvoient aux textes desdites lois, notamment dans
les :

Article 1 de la loi du 28 juillet 1824 sur altérations de noms ou suppo-
sitions de noms sur les produits fabriqués ;

Articles 1 et 2 de la loi du 4 février 1888 concernant la répression des
fraudes dans le commerce des engrais ;

Articles 7 de la loi du 14 août 1889, 2 de la loi du 11 juillet 1891 et 1 de la loi du 24 juillet 1894 relatives aux fraudes commises dans la vente des vins ;

Article 3 de la loi du 25 avril 1895 relative à la vente de sérums thérapeutiques ;

Article 3 de la loi du 6 avril 1897 concernant les vins, cidres et poirés ;

Articles 17, 19 et 20 de la loi du 16 avril 1897 concernant la répression de la fraude dans le commerce du beurre et la fabrication de la margarine.

La pénalité d'affichage est rendue applicable aux infractions prévues et punies par les articles 49 et 53 de la loi de finances du 30 mars 1902, 7 de la loi du 28 janvier 1903, 32 de la loi de finances du 31 mars 1903 et par les articles 2 et 3 de la loi du 18 juillet 1904.

Art. 16. — La présente loi est applicable à l'Algérie et aux colonies.

La présente loi, délibérée et adoptée par le Sénat et par la Chambre des députés, sera exécutée comme loi de l'État.

Fait à Paris, le 1ᵉʳ août 1905.

Signé : Émile LOUBET.

Le ministre de l'agriculture,
Signé : Ruau.

DÉCRET DU 31 JUILLET 1906

PORTANT RÈGLEMENT D'ADMINISTRATION PUBLIQUE POUR L'EXÉCUTION
DE LA LOI DU 1ᵉʳ AOUT 1905

Le Président de la République française,

Sur le rapport des ministres de la justice, de l'intérieur, des finances, de l'agriculture et du commerce, de l'industrie et du travail,

Vu la loi du 1ᵉʳ août 1905 sur la répression des fraudes dans la vente des marchandises et des falsifications des denrées alimentaires et des produits agricoles et, notamment, l'article 11 ainsi conçu :

« Il sera statué par des règlements d'administration publique sur les mesures à prendre pour assurer l'exécution de la présente loi, notamment en ce qui concerne :

. . . .

« 3° Les formalités prescrites pour opérer des prélèvements d'échantillons et procéder contradictoirement aux expertises sur les marchandises suspectes ;

« 4° Le choix des méthodes d'analyse destinées à établir la composition, les éléments constitutifs et la teneur en principes utiles des produits ou à reconnaître leur falsification ;

« 5° Les autorités qualifiées pour rechercher et constater les infractions à la présente loi, ainsi que les pouvoirs qui leur seront conférés pour recueillir des éléments d'information auprès des diverses administrations publiques et des concessionnaires de transports » ;

Le Conseil d'État entendu,

Décrète :

TITRE I

Organisation et fonctionnement du service des prélèvements

ART. 1. — Le service chargé de rechercher et de constater les infractions à la loi du 1er août 1905 est organisé par l'État, avec le concours éventuel des départements et des communes.

Le fonctionnement de ce service est assuré, sous l'autorité du ministre de la justice, du ministre de l'agriculture et du ministre du commerce, de l'industrie et du travail, dans les départements par les préfets, à Paris et dans le ressort de la préfecture de police par le préfet de police.

ART. 2. — Les autorités qui ont qualité pour opérer des prélèvements sont :

Les commissaires de police ;

Les commissaires de la police spéciale des chemins de fer et des ports ;

Les agents des contributions indirectes et des douanes agissant à l'occasion de l'exercice de leurs fonctions ;

Les inspecteurs des halles, foires, marchés et abattoirs.

Les agents des octrois et les vétérinaires sanitaires peuvent être individuellement désignés par les préfets pour concourir à l'application de la loi du 1er août 1905 et commissionnés par eux à cet effet.

Dans le cas où des agents spéciaux seraient institués par les départements ou les communes pour concourir à l'application de ladite loi, ces agents devront être agréés et commissionnés par les préfets.

ART. 3. — Une commission permanente est instituée près les ministères de l'agriculture et du commerce, de l'industrie et du travail, pour l'examen des questions d'ordre scientifique que comporte l'application de la loi du 1er août 1905. Cette commission est obligatoirement consultée pour la détermination des conditions matérielles des prélèvements, l'organisation des laboratoires et la fixation des méthodes d'analyse à imposer à ces établissements.

ART. 4. — Des prélèvements d'échantillons peuvent, en toutes circonstances, être opérés d'office dans les magasins, boutiques, ateliers, voitures servant au commerce, ainsi que dans les entrepôts, les abattoirs et leurs dépendances, les halles, foires et marchés, et dans les gares ou ports de départ et d'arrivée.

Les prélèvements sont obligatoires dans tous les cas où les boissons, denrées ou produits paraissent falsifiés, corrompus ou toxiques.

Les administrations publiques sont tenues de fournir aux agents désignés à l'article 2 tous éléments d'information nécessaires à l'exécution de la loi du 1ᵉʳ août 1905.

Les entrepreneurs de transport sont tenus de n'apporter aucun obstacle aux réquisitions pour prises d'échantillons et de représenter les titres de mouvement, lettres de voiture, récépissés, connaissements et déclarations dont ils sont détenteurs.

Art. 5. — Tout prélèvement comporte quatre échantillons, l'un destiné au laboratoire pour analyse, les trois autres éventuellement destinés aux experts.

Art. 6. — Tout prélèvement donne lieu, séance tenante, à la rédaction sur papier libre d'un procès-verbal.

Ce procès-verbal doit porter les mentions suivantes :

1° Les nom, prénoms, qualité et résidence de l'agent verbalisateur ;

2° La date, l'heure et le lieu où le prélèvement a été effectué ;

3° Les nom, prénoms, profession, domicile ou résidence de la personne chez laquelle le prélèvement a été opéré. Si le prélèvement a lieu en cours de route, les noms et domiciles des personnes figurant sur les lettres de voiture ou connaissements comme expéditeurs et destinataires ;

4° La signature de l'agent verbalisateur.

Le procès-verbal doit, en outre, contenir un exposé succinct des circonstances dans lesquelles le prélèvement a été opéré, relater les marques et étiquettes apposées sur les enveloppes ou récipients, l'importance du lot de marchandise échantillonné, ainsi que toutes les indications jugées utiles pour établir l'authenticité des échantillons prélevés et l'identité de la marchandise.

Le propriétaire ou détenteur de la marchandise, ou, le cas échéant, le représentant de l'entreprise de transport peut, en outre, faire insérer au procès-verbal toutes les déclarations qu'il juge utiles. Il est invité à signer le procès-verbal ; en cas de refus, mention en est faite par l'agent verbalisateur.

Art. 7. — Les prélèvements doivent être effectués de telle sorte que les quatre échantillons soient autant que possible identiques.

A cet effet, des arrêtés ministériels, pris de concert entre le ministre de l'agriculture et le ministre du commerce, de l'industrie et du travail, sur la proposition de la commission permanente, déterminent, pour chaque produit ou marchandise, la quantité à prélever, les procédés à employer pour obtenir des échantillons homogènes, ainsi que les précautions à prendre pour le transport et la conservation de ces échantillons.

Art. 8. — Tout échantillon prélevé est mis sous scellés. Ces scellés sont appliqués sur une étiquette composée de deux parties pouvant se séparer et être ultérieurement rapprochées, savoir :

1° Un talon qui ne sera enlevé que par le chimiste, au laboratoire, après vérification du scellé. Ce talon ne doit porter que les indications suivantes : nature du produit, dénomination sous laquelle il est mis en vente, date du

prélèvement et numéro sous lequel les échantillons sont enregistrés au moment de leur réception par le service administratif ;

2° Un volant qui porte ces mêmes mentions, mais où sont inscrits, en
outre, les nom et adresse du propriétaire ou détenteur de la marchandise,
ou, en cas de prélèvement en cours de route, ceux des expéditeurs et destinataires.

Ce volant est signé par l'auteur du procès-verbal.

ART. 9. — Aussitôt après avoir scellé les échantillons, l'agent verbalisateur,
s'il est en présence du propriétaire ou détenteur de la marchandise, doit le
mettre en demeure de déclarer la valeur des échantillons prélevés.

Le procès-verbal mentionne cette mise en demeure et la réponse qui a été
faite.

Un récépissé détaché d'un livre à souche est remis au propriétaire ou détenteur de la marchandise. Il y est fait mention de la valeur déclarée.

En cas de prélèvement en cours de route, le représentant de l'entreprise
de transport reçoit, pour sa décharge, un récépissé indiquant la nature et la
quantité des marchandises prélevées.

ART. 10. — Le procès-verbal et les échantillons sont, dans les vingt-quatre
heures, envoyés par l'agent verbalisateur à la préfecture du département où
le prélèvement a été effectué et, à Paris ou dans le ressort de la préfecture
de police, au préfet de police.

Toutefois, en vue de faciliter l'application de la loi, des décisions ministérielles pourront autoriser l'envoi des échantillons aux sous-préfectures ou à
tout autre service administratif.

Le service administratif qui reçoit ce dépôt l'enregistre, inscrit le numéro
d'entrée sur les deux parties de l'étiquette que porte chaque échantillon et,
dans les vingt-quatre heures, transmet l'un de ces échantillons au laboratoire
dans le ressort duquel le prélèvement a été effectué.

Le talon seul suit l'échantillon au laboratoire.

Le volant, préalablement détaché, est annexé au procès-verbal. Les trois
autres échantillons sont conservés par la préfecture.

Toutefois, si la nature des denrées ou produits exige des mesures spéciales
de conservation, les quatre échantillons sont envoyés au laboratoire, où ces
mesures sont prises conformément aux arrêtés ministériels prévus à l'article 7.
Dans ce cas, les quatre volants sont détachés des talons et annexés au procès-
verbal.

ART. 11. — Les laboratoires créés par les départements et les communes
peuvent être admis, concurremment avec ceux de l'État, à procéder aux analyses lorsqu'ils ont été reconnus en état d'assurer ce service et agréés par
une décision ministérielle prise sur l'avis conforme de la commission permanente.

TITRE II

Fonctionnement des laboratoires

Art. 12. — Des arrêtés ministériels pris de concert entre le ministre de l'agriculture et le ministre du commerce, de l'industrie et du travail, déterminent le ressort des laboratoires admis à procéder à l'analyse des échantillons.

Pour l'examen des échantillons, les laboratoires ne peuvent employer que les méthodes indiquées par la commission permanente.

Ces analyses sont à la fois d'ordre qualitatif et quantitatif. L'examen comprend notamment les recherches microscopiques, spectroscopiques, polarimétriques, réfractométriques, cryoscopiques, susceptibles de fournir des indications sur la pureté des produits, la recherche des antiseptiques et des colorants étrangers.

Ces méthodes sont décrites en détail par des arrêtés pris de concert entre le ministre de l'agriculture et le ministre du commerce, de l'industrie et du travail, après avis de la commission permanente.

Art. 13. — Le laboratoire qui a reçu pour analyse un échantillon dresse dans les huit jours de la réception, un rapport où sont consignés les résultats de l'examen et des analyses auxquels cet échantillon a donné lieu.

Ce rapport est adressé au préfet du département d'où provient l'échantillon ; à Paris et dans le ressort de la préfecture de police, le rapport est adressé au préfet de police.

Art. 14. — Si le rapport du laboratoire ne révèle aucune infraction à la loi du 1er août 1905, le préfet en avise sans délai l'intéressé.

Dans ce cas, si le remboursement des échantillons est demandé, il s'opère d'après leur valeur au jour du prélèvement, aux frais de l'État, au moyen d'un mandat délivré par le préfet, sur représentation du récépissé prévu à l'article 9.

Art. 15. — Dans le cas où le rapport du laboratoire signale une infraction à la loi du 1er août 1905, le préfet transmet sans délai ce rapport au procureur de la République.

Il y joint le procès-verbal et les trois échantillons réservés.

S'il s'agit de vins, bières, cidres, alcools ou liqueurs, avis doit être donné par le préfet au directeur des contributions indirectes du département.

Art. 16. — Des arrêtés ministériels, pris de concert entre le ministre de l'agriculture et le ministre du commerce, de l'industrie et du travail, déterminent dans quelle forme les laboratoires doivent rendre compte périodiquement aux préfets du nombre des échantillons analysés, du résultat de ces analyses et signaler les nouveaux procédés de fraude révélés par l'examen des échantillons.

TITRE III

Fonctionnement de l'expertise contradictoire

Art. 17. — Le procureur de la République informe l'auteur présumé de la fraude qu'il est l'objet d'une poursuite. Il l'avise qu'il peut prendre communication du rapport du directeur du laboratoire et qu'un délai de trois jours francs lui est imparti pour faire connaître s'il réclame l'expertise contradictoire prévue par l'article 12 de la loi du 1er août 1905.

Art. 18. — S'il y a lieu à expertise, il est procédé à la nomination de deux experts, l'un désigné par le juge d'instruction, l'autre par la personne contre laquelle l'instruction est ouverte. Celle-ci a toutefois le droit de renoncer à cette désignation et de s'en rapporter aux conclusions de l'expert désigné par le juge.

Les experts sont choisis sur les listes spéciales de chimistes-experts dressées, dans chaque ressort, par les cours d'appel ou les tribunaux civils.

L'inculpé pourra toutefois choisir son expert sur les listes dressées par la cour d'appel ou le tribunal civil du ressort d'où il aura déclaré que provient la marchandise suspecte.

Art. 19. — Chaque expert est mis en possession d'un échantillon.

Le juge d'instruction donne communication aux experts des procès-verbaux de prélèvement ainsi que des factures, lettres de voiture, pièces de régie et, d'une façon générale, de tous les documents que la personne mise en cause a jugé utile de produire ou que le juge s'est fait remettre.

Aucune méthode officielle n'est imposée aux experts. Ils opèrent à leur gré, ensemble ou séparément, chacun d'eux étant libre d'employer les procédés qui lui paraissent le mieux appropriés.

Leurs conclusions sont formulées dans des rapports qui sont déposés dans le délai fixé par l'ordonnance du juge.

Art. 20. — Si les experts sont en désaccord, ils désignent un tiers expert pour les départager. A défaut d'entente pour le choix de ce tiers expert, il est désigné par le président du tribunal civil.

Le tiers expert peut être choisi en dehors des listes officielles.

Art. 21. — Sur la demande des experts ou sur celle de la personne mise en cause, des dégustateurs, choisis dans les mêmes conditions que les autres experts, sont commis pour examiner les échantillons.

Art. 22. — Lorsque des poursuites sont décidées, s'il s'agit de vins, bières, cidres, alcools ou liqueurs, le procureur de la République devra faire connaître au directeur des contributions indirectes ou à son représentant, dix jours au moins à l'avance, le jour et l'heure de l'audience à laquelle l'affaire sera appelée.

Art. 23. — Il n'est rien innové quant à la procédure suivie par l'administration des douanes et par l'administration des contributions indirectes pour la constatation et la poursuite de faits constituant à la fois une contravention fiscale et une infraction aux prescriptions de la loi du 1ᵉʳ août 1905.

Art. 24. — En cas de non-lieu ou d'acquittement, le remboursement de la valeur des échantillons s'effectue dans les conditions prévues à l'article 14 ci-dessus.

Art. 25. — Il sera statué ultérieurement sur les conditions d'application de la loi du 1ᵉʳ août 1905 à l'Algérie et aux colonies.

Art. 26. — Le ministre de la justice, le ministre de l'intérieur, le ministre des finances, le ministre de l'agriculture, le ministre du commerce, de l'industrie et du travail sont chargés, chacun en ce qui le concerne, de l'exécution du présent décret, qui sera publié au *Journal officiel* et inséré au *Bulletin des lois*.

Fait à Rambouillet, le 31 juillet 1906.

A. FALLIÈRES.

Par le président de la République :

Le président du conseil, ministre de la justice,
F. SARRIEN.

Le ministre de l'intérieur,
G. CLEMENCEAU.

Le ministre des finances,
R. POINCARÉ.

Le ministre de l'agriculture,
J. RUAU.

Le ministre du commerce, de l'industrie et du travail,
Gaston DOUMERGUE.

ARRÊTE DU 1ᵉʳ AOUT 1906

FIXANT LES MESURES A PRENDRE POUR LE PRÉLÈVEMENT DES ÉCHANTILLONS

Le ministre de l'agriculture, le ministre du commerce, du travail et de l'industrie,

Vu la loi du 1ᵉʳ août 1905 sur la répression des fraudes dans la vente des marchandises et des falsifications des denrées alimentaires et des produits agricoles ;

Vu le règlement d'administration publique en date du 31 juillet 1906, rendu pour l'application de la loi ;

Vu notamment l'article 3 dudit décret établissant que l'avis de la commission technique permanente instituée par décret du 15 décembre 1905 est obligatoire pour la détermination des conditions matérielles des prélèvements d'échantillons ;

Vu l'article 7 du même décret, portant que la commission technique permanente déterminera pour chaque produit la quantité à prélever, les précautions à prendre pour le transport et la conservation des échantillons et enfin les procédés à employer pour obtenir des échantillons bien homogènes ;

Vu l'avis de la commission technique permanente ;

Sur le rapport du directeur de l'agriculture,

Arrêtent :

Art. 1. — Chaque prélèvement comporte toujours la prise de quatre échantillons.

Ces quatre échantillons doivent être identiques.

Art. 2. — Les échantillons prélevés doivent remplir les conditions suivantes :

I — Liquides

A — Liquides vendus en litres, demi-litres, bouteilles, demi-bouteilles, flacons, cruchons, portant des cachets, marques et étiquettes d'origine.

1. *Vins, vinaigres, cidres, poirés.* — Un litre ou une bouteille par échantillon.

2. *Bières.* — Une bouteille ou une canette.

3. *Eaux-de-vie, cognac, armagnac, rhum, kirsch, apéritifs divers, liqueurs, sirops.* — Une bouteille de 75 centilitres ou un demi-litre par échantillon.

4. *Huiles.* — Une bouteille ou une carafe de 500 grammes par échantillon.

5. *Lait stérilisé.* — Une bouteille ou une carafe d'un demi-litre par échantillon.

6. *Eau-de-vie blanche, esprit de vin, alcool dénaturé, alcool à brûler.*

(Ces produits sont généralement vendus en litres.)

Déboucher l'un de ces litres et en partager le contenu dans quatre flacons d'un quart de litre propres et secs qu'on bouchera avec des bouchons neufs.

On mentionnera au procès-verbal la disposition et le libellé des étiquettes portées sur le litre ainsi employé ; si possible, décoller ces étiquettes et les joindre au procès-verbal.

B — Liquides contenus dans des fûts, réservoirs, bidons, estagnons, intacts ou en vidange.

Les quatre échantillons devront provenir d'un même récipient. Si celui-ci n'est pas encore entamé, s'il est intact, on devra relever minutieusement toutes les marques, cachets ou inscriptions dont le récipient est revêtu pour les mentionner au procès-verbal avant de procéder au prélèvement, lequel se fera soit en piquant le fût avec un foret ou une vrille, soit par tout autre moyen approprié.

On tirera dans un vase quelconque, sec et propre (baquet, terrine, broc, etc.), une quantité de liquide suffisante pour constituer les quatre échantillons, puis on répartira ce liquide entre les quatre bouteilles de prélèvement.

Si l'on ne dispose pas d'un vase sec et propre, et qu'on soit dans l'obligation de remplir les quatre bouteilles de prélèvement en tirant directement au fût, par exemple, on devra s'y prendre à deux reprises, c'est-à-dire qu'on commencera par remplir les quatre bouteilles à moitié seulement, puis on les reprendra, dans le même ordre, pour achever de les remplir.

On indiquera soigneusement au procès-verbal la nature du récipient d'où l'on aura tiré le liquide prélevé, sa contenance approximative et, s'il était en vidange, la quantité de liquide qu'il contenait encore au moment du prélèvement.

Dans le cas où le liquide a été mis en bouteilles prêtes à la vente, par le détaillant, on débouchera un nombre suffisant de bouteilles dont on mélangera le contenu dans un vase sec et propre, puis on remplira avec ce liquide les quatre bouteilles de prélèvement.

Les précautions spéciales à chaque cas, ainsi que les quantités à prélever pour chaque échantillon, sont indiquées ci-après :

Les bouteilles de prélèvement devront toujours être propres et sèches, complètement remplies et bouchées avec des bouchons de liège neufs.

7. *Vins*. — Bouteilles de 1 litre ou de 800 centimètres cubes au moins, autant que possible en verre blanc, entièrement propres, sèches et sans aucune odeur.

Elles seront, si elles ont déjà servi, lavées à l'eau de cristaux à 5 %, rincées à l'eau froide, puis complètement égouttées. Si elles doivent servir aussitôt après le lavage, elles subiront un second rinçage avec 1 centilitre du vin prélevé.

Sur wagon-réservoir, la prise du volume nécessaire se fera par le robinet de tirage après avoir laissé écouler et rejeter le premier centilitre.

Sur fût, la prise se fera à l'aide d'un trou de fausset fait au foret sur l'un des fonds, à 10 centimètres environ des bords ; le trou sera garni d'un ajutage métallique d'écoulement et celui-ci assuré par un trou de fausset fait à la partie supérieure du fût.

On devra avoir soin que les bouteilles ne soient pas plus froides que le vin au moment de l'embouteillage.

8. *Laits*. — Un quart de litre par échantillon, soit un litre pour les quatre échantillons. On prélèvera dans des bouteilles de verre blanc propres, sèches et sans odeur. Avant de les boucher, on introduira dans chacune d'elles une pastille rouge spéciale de bichromate de potasse.

Lorsque le prélèvement portera sur du lait en cours de débit, c'est-à-dire placé dans une terrine, sur le comptoir ou dans un pot ouvert, on mélangera soigneusement avec une louche le lait avec la crème montée à la surface avant de remplir les bouteilles de prélèvement.

Si le prélèvement porte sur des pots ou bidons intacts, on relèvera la nature des cachets et des marques dont ils sont revêtus avant de procéder à leur ouverture ; on en fera mention au procès-verbal.

On transvasera le lait du pot sur lequel on se propose de faire un prélèvement dans un pot vide semblable, puis on le reversera dans le premier ; ce double transvasement n'a d'autre but que de rendre le liquide homogène, c'est-à-dire de mélanger le lait avec sa crème. On prélèvera alors le lait au moyen d'une louche et en se servant d'un entonnoir on remplira les quatre bouteilles.

Si l'on ne dispose pas d'un pot vide pour effectuer le transvasement favorable au mélange du lait avec sa crème, on agitera fortement le pot avant de l'ouvrir, puis on s'efforcera d'en rendre le contenu homogène en le brassant avec une louche ; on devra alors en verser quelques litres dans un vase quelconque sec et propre et se servir de ce liquide pour remplir les quatre fioles de prélèvement. Si l'on ne dispose d'aucun vase sec et propre convenable, on prendra directement dans le pot avec la louche et on remplira tout d'abord les bouteilles de prélèvement à moitié seulement, puis on les reprendra dans le même ordre pour achever de les remplir.

On pourra faire autant de prélèvements, c'est-à-dire prélever autant de fois quatre échantillons qu'il y a de pots.

On pourra aussi faire un prélèvement moyen sur plusieurs pots. Dans ce cas, après avoir agité soigneusement ceux-ci, on versera quelques litres de chacun d'eux dans un pot vide ou dans un vase sec et propre et on remplira les fioles de prélèvement avec ce mélange.

On indiquera au procès-verbal le nombre de pots ainsi employés à ce prélèvement moyen, ainsi que les marques et cachets dont ils étaient revêtus. On devra se munir, pour les prélèvements de laits, d'une louche et d'un entonnoir.

9. *Bières, cidres et poirés.* — Prélever 1 litre environ par échantillon, dans des bouteilles résistantes (les bouteilles du genre Vichy suffisent). Le bouchon devra être maintenu soit avec une ficelle, soit avec du fil de fer.

Dans le cas de la bière, si celle-ci est tirée au fût au moyen d'une pompe, on aura soin de laisser perdre le liquide qui a séjourné dans les tuyaux de la pompe, soit un quart ou un demi-litre, avant de faire le prélèvement.

10. *Vinaigre.* — 1 litre.

11. *Eaux-de-vie, cognac, armagnac, rhum, kirsch, marcs, apéritifs divers* (absinthe, vermout, bitter, amers, quinquinas, etc.), *liqueurs, sirops.* — Un demi-litre.

12. *Huiles.* — Un quart de litre.

Si on constate la présence d'un dépôt ou si l'huile s'est épaissie, ce qui est le cas pour certaines huiles en hiver, on devra mélanger et prélever l'huile trouble. On devra prélever les échantillons dans des fioles d'un quart de litre, en verre blanc, autant que possible.

13. *Eau-de-vie blanche, esprit de vin, alcool à brûler, alcool dénaturé.* — Un quart de litre.

II — Matières grasses, pâteuses, semi-fluides

(A prélever en pots ou bocaux)

Pour les produits vendus en pots ou bocaux d'origine, on prélèvera quatre échantillons semblables, après s'être assuré que leurs marques, étiquettes ou cachets sont identiques.

14. *Moutardes.* — Pots de 75 grammes environ.

15. *Confitures, miels.* — Pots de 250 grammes environ.

Pour les produits vendus au détail, on placera les échantillons dans des pots de verre, de porcelaine, de terre vernissée du genre des pots employés habituellement pour les confitures ; on s'assurera qu'ils sont propres et secs. La matière prélevée sera recouverte d'un disque de papier paraffiné, parcheminé ou même de papier blanc ordinaire, puis on recouvrira le pot d'un papier propre, solide, que l'on liera avec une ficelle.

16. *Beurres, graisses alimentaires diverses, saindoux, fromages mous.* — 200 grammes environ par échantillon.

Pour les beurres, quand le prélèvement se fera sur la motte, on se servira du fil, du couteau ou de la sonde et on aura soin de prendre en tous les points, en se rappelant que certaines mottes sont fourrées, c'est-à-dire que le milieu n'a pas la même qualité que l'extérieur. On prendra ainsi environ 800 grammes de matière qu'on malaxera au couteau sur une feuille de papier et dont on fera quatre parts semblables, qui seront placées dans les pots de prélèvement.

17. *Confitures, compotes, miels.* — 200 grammes par échantillon.

Prendre toutes précautions pour assurer la ressemblance des échantillons.

18. *Gâteaux mous* (éclairs, tartes, etc.). — 125 grammes par échantillon.

On constituera les échantillons par un même nombre de gâteaux semblables, si ceux-ci sont petits. S'il s'agit d'une pâtisserie, on prendra des tranches semblables.

19. *Moutarde en pâte.* — 75 grammes environ par échantillon.

Dans ce cas, le prélèvement ne se fera plus en pots du genre des pots à confiture, comme précédemment : on emploiera de petits pots de 100 grammes qui pourront être bouchés au liège.

On recouvrira le bouchon d'une feuille de papier qui sera fixée au moyen de ficelle.

III — Matières à prélever en bocaux pour éviter la dessiccation

Ces produits seront prélevés dans des bocaux propres et secs qui seront bouchés avec un bouchon de liège propre et sans odeur. Le bouchon sera recouvert d'une feuille de papier qu'on liera sur le col du bocal avec de la ficelle.

On prélèvera environ 1 kilo de matières qu'on étalera sur une feuille de papier propre, puis, après avoir bien mélangé, on fera quatre tas semblables, égaux, qui constitueront les échantillons de prélèvement de 250 grammes environ.

20. *Cafés verts et grillés, en grains ou moulus.* — Dans le cas d'un café en poudre, on prélèvera en même temps, quand cela sera possible, le café grillé en grains dont le café moulu est dit provenir.

21. *Farines.* — Si le prélèvement porte sur un sac scellé, on prendra à la sonde dans toutes les parties du sac ; on recueillera le produit des sondages sur une feuille de papier jusqu'à ce que l'on ait obtenu la quantité nécessaire aux quatre échantillons.

22. *Sels de table, sel marin, sel raffiné, sel blanc.* — S'ils sont en boîtes ou en flacons d'origine, on en prélèvera quatre échantillons semblables de 250 grammes.

IV — Produits solides ou en poudre

Lorsque ces produits seront vendus en paquets, sacs, boîtes, tubes, flacons d'origine, on prélèvera quatre échantillons semblables après s'être assuré qu'ils sont identiques.

23. *Cacaos et chocolats en poudre ou granulés.* — Boîtes de 250 grammes.

24. *Thés.* — Boîtes ou paquets de 125 grammes.

25. *Chicorées.* — Paquets de 125 grammes.

26. *Produits de la confiserie.* — Boîtes, paquets ou flacons de 25 grammes.

27. *Pâtes alimentaires, tapioca, sagou, salep, arrow-root.* — Paquets ou boîtes de 125 grammes.

28. *Sucre vanillé ou à la vanilline.* — Sachets ou boîtes de 25 grammes.

29. *Moutarde en poudre.* — Boîtes de 125 grammes.

Lorsqu'on prélèvera des produits en poudre, en grains ou en petits fragments, vendus au détail, on prendra la quantité nécessaire à constituer les quatre échantillons, on la placera sur une feuille de papier propre, puis on mélangera avec soin et on partagera en quatre tas semblables formant les quatre échantillons, et chacun d'eux sera placé dans un sac de papier qui ne devra pas porter de marques.

30. *Poivre en grains.* — 100 grammes par échantillon.

31. *Poivre en poudre, quatre-épices, piment, gingembre, cannelle, muscade, girofle.* — Échantillon de 50 grammes.

Dans le cas où le produit aura été moulu par le débitant, on fera un prélèvement sur le produit en grains, ou entier, qui aura servi à préparer la poudre.

32. *Safran.* — 10 grammes par échantillon.

33. *Sucre en poudre.* — 125 grammes par échantillon.

34. *Thés.* — 125 grammes par échantillon.

35. *Pastilles et bonbons de chocolat, bonbons divers, boules de gomme, dragées, pastilles diverses.* — 125 grammes environ par échantillon.

36. *Pâtes alimentaires, semoules.* — 100 grammes par échantillon.

37. *Fleurages.* — 250 grammes par échantillon.

Pour les produits en tablettes, en bâtons, en pains, en pièces pouvant être débitées en les vendant à l'unité, on relèvera les marques, cachets et étiquettes dont ils sont revêtus et on en mentionnera au procès-verbal le texte et la disposition. Chaque échantillon sera enveloppé d'une feuille de papier sans marques ou placé dans un sac de papier sans marques.

38. *Chocolat en tablettes, bâtons, croquettes, objets en chocolat.* — 125 grammes par échantillon.

39. *Pâtisseries sèches, petits fours, biscuits.* — 250 grammes par échantillon.

40. *Suc de réglisse.* — 50 grammes par échantillon.

41. *Vanille en gousses.* — Ce produit est généralement vendu en tubes de deux à trois gousses ; on prélèvera quatre tubes semblables.

Les produits suivants seront soigneusement enveloppés dans une feuille de papier parcheminé ou paraffiné, puis enfermés dans un sac de papier sans marques.

42. *Pain d'épice.* — 250 grammes par échantillon.

43. *Fruits secs, fruits confits ou glacés.* — 125 grammes par échantillon.

44. *Produits de la charcuterie : saucisses, cervelas, saucissons, andouilles, andouillettes, pâtés de foie, galantine, rillettes, fromage de cochon, jambon, salaisons, lard fumé ou salé, poissons fumés ou salés.* — 150 grammes par échantillon.

Prendre toutes précautions pour que les échantillons soient semblables.

45. *Fromages secs* (gruyère, hollande, roquefort, parmesan, etc.). — Prélever quatre morceaux aussi identiques que possible de 125 grammes chacun.

46. *Pain.* — Prélever quatre échantillons de 125 grammes environ chacun aussi semblables que possible, dans un même pain ou dans deux pains semblables.

V — Conserves

On prélèvera quatre échantillons identiques, c'est-à-dire qu'on s'assurera qu'ils portent les mêmes inscriptions, qu'ils sont du même modèle et du même prix.

47. *Conserves de viande, gibier, volaille, poisson, légumes, fruits, à l'huile, au vinaigre, au vin blanc, au sirop, au sel, etc., en boîtes en fer-blanc, terrines, bocaux ou flacons.* — On prélèvera quatre boîtes, terrines, bocaux ou flacons du plus petit modèle.

Paris, le 1er août 1906.

Gaston DOUMERGUE.   RUAU.

CIRCULAIRE DU 31 AOUT 1907

RELATIVE A LA RÉPRESSION DES FRAUDES SUR LES BEURRES

**(Modification à la loi du 16 avril 1897
Modification au décret du 9 novembre 1897)**

LE MINISTRE DE L'AGRICULTURE A M. LE PRÉFET DE

A la suite du vote de la loi du 23 juillet 1907 modifiant la loi du 16 avril 1897 concernant la répression de la fraude dans le commerce du beurre et la fabrication de la margarine, le décret du 9 novembre 1897 portant règlement d'administration publique pour l'application de la loi du 16 avril 1897 vient d'être modifié par décret en date du 29 août 1907.

Les modifications dont il s'agit portent principalement sur le titre III du règlement de 1897.

1° Jusqu'ici les inspecteurs régionaux du commerce des beurres, les inspecteurs chargés de la surveillance des fabriques de margarine, ainsi que les agents des douanes et des contributions indirectes, pouvaient seuls procéder à des prélèvements, en vue de l'application de la loi du 16 avril 1897.

Dorénavant, tous les agents auxquels le décret du 31 juillet 1906 donne qualité pour opérer les prélèvements des boissons, denrées alimentaires et produits agricoles pour l'application de la loi du 1ᵉʳ août 1905, auront le droit de prélever des échantillons de beurre, aussi bien pour l'application de la loi du 16 avril 1897, que pour celle de la loi du 1ᵉʳ août 1905 ;

2° Les fraudes par *addition de beurre de coco, incorporation d'eau en excès, emploi des antiseptiques,* ne peuvent être réprimées par la loi du 16 avril 1897, laquelle ne vise que la falsification *par addition de margarine.*

Mais elles tombent sous le coup de la loi du 1ᵉʳ août 1905.

Jusqu'à ce jour, les agents se trouvaient donc dans l'obligation de préjuger des résultats de l'analyse, afin de choisir le procédé de prélèvement correspondant à la loi dont il y avait à prévoir l'application.

Ce fâcheux état de choses prend fin. Il n'y a plus désormais qu'une seule manière de prélever les échantillons, quelle que soit la loi dont l'application est visée. Les prélèvements de beurre, ainsi que l'analyse des échantillons, se feront dorénavant suivant les prescriptions du décret du 31 juillet 1906.

En conséquence, les agents qui ne relèvent pas directement de votre service départemental de répression des fraudes, c'est-à-dire les inspecteurs régionaux du commerce des beurres, les inspecteurs de fabriques de margarine et, en général, les agents des contributions indirectes et des douanes, adresseront à votre préfecture les échantillons prélevés, par leurs soins, dans votre département.

Vous voudrez bien donner des instructions pour que ces prélèvements soient reçus et inscrits par le service administratif dans les mêmes conditions que les autres. Ils seront entièrement assimilés aux prélèvements prévus au paragraphe intitulé « agents des contributions indirectes » de ma circulaire du 26 février dernier (page 2).

Je crois devoir ajouter que les indications contenues dans les circulaires ministérielles :

1° Du 13 février 1898, en ce qui concerne la procédure à suivre dans le prélèvement des échantillons et la procédure relative aux analyses ;

2° Du 5 mai 1899 sur le mode de transmission des pièces en cas de prélèvement d'échantillons de beurre,
deviennent sans objet ;

3° Aucune modification n'est apportée par le nouveau décret au règlement du 9 novembre 1897, en ce qui concerne les dispositions relatives, notamment, à la surveillance des fabriques de margarine et d'oléo-margarine, à la séparation des commerces du beurre et de la margarine, aux enseignes des débitants de margarine et aux inscriptions que doivent porter les récipients contenant la margarine et l'oléo-margarine.

Mais les agents chargés de l'application de la loi du 1er août 1905 sont désormais qualifiés pour surveiller l'exécution des mesures administratives précédentes, au même titre que les personnes désignées déjà, à cet effet, par le règlement du 9 novembre 1897.

J. RUAU.

LOI DU 16 AVRIL 1897

modifiée par celle du 23 juillet 1907

RELATIVE A LA RÉPRESSION DE LA FRAUDE DANS LE COMMERCE DU BEURRE

ET LA FABRICATION DE LA MARGARINE

(Les modifications sont en italiques)

Le Sénat et la Chambre des députés ont adopté,
Le président de la République promulgue la loi dont la teneur suit :

TITRE I

ART. 1. — Il est interdit de désigner, d'exposer, de mettre en vente ou de vendre, d'importer ou d'exporter, sous le nom de beurre, avec ou sans qualificatif, tout produit qui n'est pas exclusivement fait avec du lait ou de la crème provenant du lait ou avec l'un et l'autre, avec ou sans sel, avec ou sans colorant.

Art. 2. — Toutes les substances alimentaires autres que le beurre, quelles que soient leur origine, leur provenance et leur composition, qui présentent l'aspect du beurre et sont préparées pour le même usage que ce dernier produit, ne peuvent être désignées que sous le nom de margarine.

La margarine ainsi définie ne pourra, dans aucun cas, être additionnée de matières colorantes.

Art. 3. — Il est interdit à quiconque se livre à la fabrication ou à la préparation du beurre de fabriquer et de détenir dans ses locaux, et dans quelque lieu que ce soit, de la margarine ou de l'oléo-margarine, ni d'en laisser fabriquer et détenir par une autre personne dans les locaux occupés par lui.

La même interdiction est faite aux entrepositaires, commerçants et débitants de beurre.

Les deux premiers paragraphes du présent article ne sont pas applicables aux sociétés coopératives d'alimentation qui ne font pas acte de commerce.

La margarine et l'oléo-margarine ne pourront être introduites sur les marchés qu'aux endroits spécialement désignés à cet effet par l'autorité municipale.

La quantité de beurre contenue dans la margarine mise en vente, que cette quantité provienne du barattage du lait ou de la crème avec l'oléo-margarine, ou qu'elle provienne d'une addition de beurre, ne pourra dépasser 10 %.

Art. 4. — Toute personne qui veut se livrer à la fabrication de la margarine ou de l'oléo-margarine est tenue d'en faire la déclaration, à Paris, à la préfecture de police, et, dans les départements, au maire de la commune où elle veut établir sa fabrique.

Art. 5. — Les locaux dans lesquels on fabrique ou conserve en dépôt et où l'on vend de la margarine ou de l'oléo-margarine doivent porter une enseigne indiquant, en caractères apparents d'au moins trente centimètres (0ᵐ 30) de hauteur, les mots « fabrique, dépôt ou débit de margarine ou d'oléo-margarine ».

Art. 6. — Les fabriques de margarine et d'oléo-margarine sont soumises à la surveillance d'inspecteurs nommés par le gouvernement. Ces employés ont pour mission de veiller sur la fabrication, sur les entrées de matières premières, sur la qualité de celles-ci et sur les sorties de margarine et d'oléo-margarine. Ils s'assurent que les règles prescrites par le gouvernement, sur l'avis du comité d'hygiène publique, sont rigoureusement observées.

Ils ont le droit de s'opposer à l'emploi de matières corrompues ou nuisibles à la santé et de rejeter de la fabrication les suifs avariés. Ils peuvent déférer aux tribunaux les infractions aux dispositions de la présente loi et des décrets et arrêtés ministériels intervenus pour son exécution.

Art. 7. — Les inspecteurs mentionnés à l'article 6 peuvent pénétrer en tout temps dans tous les locaux des fabriques de margarine et d'oléo-margarine soumises à leur surveillance, dans les magasins, caves, celliers, greniers y attenant ou en dépendant, de même que dans les dépôts et débits de margarine et d'oléo-margarine.

Art. 8. — Le traitement des inspecteurs est à la charge des établissements surveillés. Le décret rendu en Conseil d'État pour l'exécution de la loi en fixera le montant, ainsi que le mode de perception et de recouvrement des taxes.

Art. 9. — Les fûts, caisses, boîtes et récipients quelconques renfermant de la margarine ou de l'oléo-margarine doivent tous porter sur toutes leurs faces, en caractères apparents et indélébiles, le mot « margarine » ou « oléo-margarine ». Les éléments entrant dans la composition de la margarine devront être indiqués par des étiquettes et par des factures des fabricants et débitants.

Dans le commerce en gros, les récipients devront, en outre, indiquer en caractères très apparents le nom et l'adresse du fabricant.

En ce qui concerne la margarine destinée à l'exportation, le fabricant sera autorisé à substituer à sa marque de fabrique celle de l'acheteur, à la condition que cette marque porte en caractères apparents le mot « margarine ».

Dans le commerce de détail, la margarine ou l'oléo-margarine doivent être livrées sous la forme de pains cubiques avec une empreinte portant sur une des faces, en caractères apparents et indélébiles, la même désignation ainsi que le nom et l'adresse du vendeur.

Lorsque ces pains seront détaillés, la marchandise sera livrée dans une enveloppe portant lesdites inscriptions.

Art. 10. — La margarine ou l'oléo-margarine importées, exportées ou expédiées doivent être, suivant les cas, mises dans des récipients de la forme et portant les indications mentionnées à l'article qui précède.

Art. 11. — Il est interdit d'exposer, de mettre en vente ou en dépôt et de vendre dans un lieu quelconque de la margarine ou de l'oléo-margarine sans qu'elles soient renfermées dans les récipients indiqués à l'article 9 et portant les indications qui y sont prescrites.

L'absence de ces désignations indique que la marchandise exposée, mise en dépôt ou en vente est du beurre.

Art. 12. — Dans les comptes, factures, connaissements, reçus de chemins de fer, contrats de vente et de livraison et autres documents relatifs à la vente, à l'expédition, au transport et à la livraison de la margarine ou de l'oléo-margarine, la marchandise doit être expressément désignée, suivant le cas, comme « margarine ou oléo-margarine ». L'absence de ces formalités indique que la marchandise est du beurre.

Art. 13. — Les inspecteurs désignés à l'article 6 et au besoin des experts spéciaux nommés par le gouvernement ont le droit de pénétrer dans les locaux où l'on fabrique pour la vente, dans ceux où l'on prépare et vend du beurre, de prélever des échantillons de la marchandise fabriquée, préparée, exposée, mise en vente ou vendue comme beurre.

Ils peuvent de même prélever des échantillons en douane, ou dans les ports, ou dans les gares de chemins de fer.

(¹) *Il sera statué par des règlements d'administration publique sur les mesures à prendre pour assurer l'exécution de la présente loi, notamment en ce qui concerne :*

1° La vente, la mise en vente, l'exposition et la détention des denrées, boissons, substances et produits qui donneront lieu à l'application de la présente loi ;

2° Les inscriptions et marques indiquant soit la composition, soit l'origine des marchandises, soit les appellations régionales et de crus particuliers que les acheteurs pourront exiger sur les factures, sur les emballages ou sur les produits eux-mêmes, à titre de garantie de la part des vendeurs, ainsi que les indications extérieures ou apparentes nécessaires pour assurer la loyauté de la vente et de la mise en vente ;

3° Les formalités prescrites pour opérer des prélèvements d'échantillons et procéder contradictoirement aux expertises sur les marchandises suspectes ;

4° Le choix des méthodes d'analyses destinées à établir la composition, les éléments constitutifs et la teneur en principes utiles des produits ou à reconnaître leur falsification ;

5° Les autorités qualifiées pour rechercher et constater les infractions à la présente loi, ainsi que les pouvoirs qui leur seront conférés pour recueillir des éléments d'information auprès des diverses administrations publiques et des concessionnaires de transports.

Art. 14 (²). — *Les infractions aux prescriptions des règlements d'administration publique, pris en vertu de l'article précédent, seront punies d'une amende de seize francs (16 fr.) à cinquante francs (50 fr.).*

Au cas de récidive dans l'année de la condamnation, l'amende sera de cinquante francs (50 fr.) à cinq cents francs (500 fr.).

Au cas de nouvelle infraction constatée dans l'année qui suivra la deuxième condamnation, l'amende sera de cinq cents francs (500 fr.) à mille francs (1 000 fr.) et un emprisonnement de six jours à quinze jours pourra être prononcé.

Art. 15 (³). — *Toutes les expertises nécessitées par l'application de la présente loi seront contradictoires et le prix des échantillons reconnus bons sera remboursé d'après leur valeur le jour du prélèvement.*

(¹) Article 11 de la loi du 1ᵉʳ août 1905.
(²) Article 13 de la loi du 1ᵉʳ août 1905.
(³) Article 12 de la loi du 1ᵉʳ août 1905.

TITRE II

Pénalités

Art. 16. — Ceux qui auront sciemment contrevenu aux dispositions de la présente loi seront punis d'un emprisonnement de six jours à trois mois et d'une amende de cent francs à cinq mille francs (100 fr. à 5 000 fr.) ou de l'une de ces deux peines seulement. Toutefois, seront présumés avoir connu la falsification de la marchandise ceux qui ne pourront indiquer le nom du vendeur ou de l'expéditeur.

Les voituriers ou compagnies de transport par terre ou par eau qui auront sciemment contrevenu aux dispositions des articles 10 et 12 ne seront passibles que d'une amende de cinquante à cinq cents francs (50 fr. à 500 fr.).

Ceux qui auront empêché les inspecteurs et experts désignés dans les articles 6 et 13 d'accomplir leurs fonctions en leur refusant l'entrée de leurs locaux de fabrication, de dépôt et de vente, et de prendre des échantillons, seront passibles d'une amende de cinq cents à mille francs (500 fr. à 1 000 fr.).

Art. 17. — Ceux qui auront sciemment employé des matières corrompues ou nuisibles à la santé publique pour la fabrication de la margarine ou de l'oléo-margarine seront passibles des peines portées à l'article 423 du Code pénal.

Art. 18. — En cas de récidive dans l'année qui suivra la condamnation, le maximum de l'amende sera toujours appliqué.

Art. 19 (¹). — *Le tribunal pourra ordonner, dans tous les cas, que le jugement de condamnation sera publié intégralement ou par extraits dans les journaux qu'il désignera et affiché dans les lieux qu'il indiquera, notamment aux portes du domicile, des magasins, usines et ateliers du condamné, le tout aux frais du condamné, sans toutefois que les frais de cette publication puissent dépasser le maximum de l'amende encourue.*

Lorsque l'affichage sera ordonné, le tribunal fixera les dimensions de l'affiche et les caractères typographiques qui devront être employés pour son impression.

En ce cas et dans tous les autres cas où les tribunaux sont autorisés à ordonner l'affichage de leur jugement à titre de pénalité pour la répression des fraudes, ils devront fixer le temps pendant lequel cet affichage devra être maintenu sans que la durée en puisse excéder sept jours.

Au cas de suppression, de dissimulation ou de lacération totale ou

___

(¹) Article 7 de la loi du 1ᵉʳ août 1905.

partielle des affiches ordonnées par le jugement de condamnation, il sera procédé de nouveau à l'exécution intégrale des dispositions du jugement relatives à l'affichage.

Lorsque la suppression, la dissimulation ou la lacération totale ou partielle aura été opérée volontairement par le condamné, à son instigation ou par ses ordres, elle entrainera contre celui-ci l'application d'une peine d'amende de cinquante francs (50 fr.) à mille francs (1 000 fr.).

La récidive de suppression, de dissimulation ou de lacération volontaire d'affiches par le condamné, à son instigation ou par ses ordres, sera punie d'un emprisonnement de six jours à un mois et d'une amende de cent francs (100 fr.) à deux mille francs (2 000 fr.).

Lorsque l'affichage aura été ordonné à la porte des magasins du condamné, l'exécution du jugement ne pourra être entravée par la vente du fonds de commerce réalisée postérieurement à la première décision qui a ordonné l'affichage.

(¹) Toute poursuite exercée en vertu de la présente loi devra être continuée et terminée en vertu des mêmes textes.

L'article 463 du Code pénal sera applicable, même au cas de récidive, aux délits prévus par la présente loi.

Le tribunal, en cas de circonstances atténuantes, pourra ne pas ordonner l'affichage et ne pas appliquer l'emprisonnement.

Le sursis à l'exécution des peines d'amende édictées par la présente loi ne pourra être prononcé en vertu de la loi du 26 mars 1891.

(²) Les amendes prononcées en vertu de la présente loi seront réparties d'après les règles tracées à l'article 11 de la loi de finances du 26 décembre 1890, modifiée par l'article 45 de la loi de finances du 29 avril 1893 et par l'article 83 de la loi de finances du 13 avril 1898.

Les délinquants condamnés aux dépens auront à acquitter, de ce chef, en dehors des frais ordinaires et au profit des communes, les frais d'expertise engagés par ces dernières lorsqu'elles auront pris l'initiative de déceler la fraude et d'en saisir la justice (laboratoires municipaux).

La commission départementale peut, sur la proposition du préfet, accorder aux communes qui auront organisé une police municipale alimentaire, des subventions prélevées sur le reliquat disponible du fonds commun.

(³) En cas d'action pour tromperie ou tentative de tromperie sur l'origine des marchandises, des denrées alimentaires ou des produits agricoles ou naturels, le magistrat instructeur ou les tribunaux pourront ordonner la production des registres et documents des diverses administrations, et notamment celle des contributions indirectes, et des entrepreneurs de transports.

(¹) Article 8 de la loi du 1er août 1905.
(²) Article 9 de la loi du 1er août 1905.
(³) Article 10 de la loi du 1er août 1905.

Art. 20. — (¹) *Les objets dont les vente, usage ou détention constituent le délit, s'ils appartiennent encore au vendeur ou détenteur, seront confisqués ; les poids et autres instruments de pesage, mesurage ou dosage, faux ou inexacts, devront être aussi confisqués et, de plus, seront brisés.*

Si les objets confisqués sont utilisables, le tribunal pourra les mettre à la disposition de l'administration, pour être attribués aux établissements d'assistance publique.

S'ils sont inutilisables ou nuisibles, les objets seront détruits ou répandus aux frais du condamné.

Le tribunal pourra ordonner que la destruction ou effusion aura lieu devant l'établissement ou le domicile du condamné.

Art. 21. — Les dispositions de l'article 463 du Code pénal sont applicables aux délits prévus et punis par la présente loi.

Art. 22. — Un règlement d'administration publique statuera sur toutes les mesures à prendre pour l'exécution de la présente loi, et notamment sur les formalités à remplir pour l'établissement et la surveillance des fabriques de margarine et d'oléo-margarine, sur la surveillance des beurreries, des débits de beurre, de margarine et d'oléo-margarine, des halles et marchés, sur le prélèvement et la vérification des échantillons des marchandises suspectes, sur la désignation des fonctionnaires préposés à cette surveillance et sur les garanties à édicter pour assurer les secrets de fabrication.

Ce règlement devra être fait dans un délai de trois mois, sans que ce délai puisse en rien arrêter l'exécution de la présente loi dans tous les cas où l'application dudit règlement n'est pas nécessaire.

Art. 23. — Sont abrogées la loi du 14 mars 1887 et toutes les dispositions contraires à la présente loi.

Art. 24. — La présente loi est applicable à l'Algérie et aux colonies.

La présente loi, délibérée et adoptée par le Sénat et par la Chambre des députés, sera exécutée comme loi de l'État.

Fait à Paris, le 16 avril 1897.

FÉLIX FAURE.

Par le président de la République :

Le président du conseil,
ministre de l'agriculture,
J. MÉLINE.

(¹) Article 6 de la loi du 1ᵉʳ août 1905.

DÉCRET DU 9 NOVEMBRE 1897

modifié par celui du 29 août 1907

RELATIF A LA RÉPRESSION DE LA FRAUDE DANS LE COMMERCE DU BEURRE ET LA FABRICATION DE LA MARGARINE

(Les modifications sont en italiques)

Le Président de la République française,
Sur le rapport du président du conseil, ministre de l'agriculture,

Vu la loi du 16 avril 1897, concernant la répression de la fraude dans le commerce du beurre et la fabrication de la margarine, et notamment l'article 22 dont le premier paragraphe est ainsi conçu :

« Un règlement d'administration publique statuera sur toutes les mesures à prendre pour l'exécution de la présente loi, et notamment sur les formalités à remplir pour l'établissement de la surveillance des fabriques de margarine et d'oléo-margarine, sur la surveillance des beurreries, des débits de beurre, de margarine et d'oléo-margarine, des halles et marchés, sur le prélèvement et la vérification des échantillons des marchandises suspectes, sur la désignation des fonctionnaires préposés à cette surveillance et sur les garanties à édicter pour assurer les secrets de la fabrication » ;

Le Conseil d'État entendu,

Décrète :

TITRE I

Surveillance des fabriques de margarine et d'oléo-margarine

ART. 1. — La déclaration exigée par l'article 4 de la loi du 16 avril 1897 de toute personne qui veut se livrer à la fabrication de l'oléo-margarine ou de la margarine est faite sur papier timbré et en double expédition.

Elle indique les nom, prénoms et domicile du fabricant et la nature des matières employées dans la fabrication.

A la déclaration est joint un plan descriptif de la fabrique et de toutes ses dépendances, en simple expédition.

Il est immédiatement donné récépissé de cette déclaration et des plans annexes.

Pour les fabriques actuellement existantes, la déclaration sera faite dans les huit jours de la publication du présent décret au *Journal officiel*.

Pour les fabriques qui seront établies à l'avenir, elle sera faite un mois au moins avant le commencement de la fabrication.

Art. 2. — Dans les trois jours du dépôt de la déclaration, le maire de la commune transmet au préfet du département une des expéditions de la déclaration ainsi que les plans annexes.

Le préfet du département transmet aussitôt ces pièces au ministre de l'agriculture.

Le préfet de police transmet de même au ministre les déclarations qui lui sont adressées directement.

Art. 3. — Aucune modification ne peut être apportée aux dispositions mentionnées dans la déclaration et les pièces qui y sont annexées sans avoir fait l'objet, huit jours au moins à l'avance, d'une déclaration dans les formes prévues à l'article 1 ci-dessus.

Le changement du fabricant doit être déclaré dans les trois jours qui suivent la transmission de la fabrique.

Art. 4. — Chaque fabrique de margarine ou d'oléo-margarine est placée d'une manière permanente sous la surveillance d'un ou de plusieurs inspecteurs spéciaux, désignés à cet effet par le ministre de l'agriculture, conformément à l'article 17 du présent décret.

Les heures d'ouverture et de fermeture de la fabrique sont déclarées aux inspecteurs par le propriétaire ou le gérant ; toute modification dans ces heures leur est notifiée au moins quarante-huit heures à l'avance. Tout travail est interdit en dehors des heures déclarées.

Les locaux dépendant de la fabrique, ateliers, magasins, caves, celliers, greniers, etc., sont ouverts en permanence aux inspecteurs pendant la durée du travail, et doivent leur être ouverts, en dehors de cette durée, sur leur réquisition.

Art. 5. — Toute entrée de matières premières destinées à la production de la margarine doit être inscrite par le fabricant sur un registre spécial qui en indique la provenance.

Les inspecteurs vérifient l'exactitude des indications portées à ce registre et examinent les matières premières pour s'assurer de leur innocuité.

Art. 6. — Les inspecteurs s'assurent que la proportion de beurre autorisée par l'article 3 de la loi du 16 avril 1897 n'est pas dépassée et qu'il n'est fait aucune addition de matière colorante, soit directement, soit indirectement.

Art. 7. — Toute expédition de margarine ou d'oléo-margarine faite par une fabrique doit être inscrite sur un registre spécial.

Les inspecteurs constatent la sortie et s'assurent que les récipients et étiquettes sont conformes aux prescriptions de l'article 9 de la loi.

TITRE II

Surveillance des beurreries industrielles et de la vente de la margarine, de l'oléo-margarine et du beurre

Art. 8. — Sont placés sous la surveillance des agents désignés à cet effet par l'administration, conformément aux articles 17 et 19 ci-après, et soumis à leur inspection, les dépôts et débits de margarine et d'oléo-margarine, les locaux où l'on fabrique pour la vente et ceux où l'on prépare et vend du beurre.

Art. 9. — Dans les halles et marchés, les pavillons, comptoirs et endroits quelconques affectés au déchargement et à la vente de la margarine et de l'oléo-margarine doivent être séparés de ceux réservés au déchargement et à la vente du beurre par une distance suffisante pour prévenir toute tentative de fraude.

TITRE III

Organisation et fonctionnement du service des prélèvements, des laboratoires et des expertises contradictoires

Art. 10. — *Les autorités qui ont qualité pour opérer des prélèvements en vue de l'application de la loi du 16 avril 1897, modifiée par la loi du 23 juillet 1907, concernant la répression de la fraude dans le commerce du beurre sont :*

Les inspecteurs des fabriques de margarine et d'oléo-margarine institués conformément à l'article 17 du présent décret ;

Les commissaires de police ;

Les commissaires de la police spéciale des chemins de fer et des ports ;

Les agents des contributions indirectes et des douanes agissant à l'occasion de l'exercice de leurs fonctions ou commissionnés spécialement à cet effet par le ministère de l'agriculture ;

Les inspecteurs des halles, foires, marchés et abattoirs ;

Les agents des octrois et les vétérinaires sanitaires individuellement désignés par les préfets pour concourir à l'application de la loi du 1er août 1905 et commissionnés par eux à cet effet ;

Les agents spéciaux institués par les départements ou les communes pour concourir à l'application de ladite loi, dans les conditions prévues à l'article 2 du décret susvisé du 31 juillet 1906.

Art. 11. — *Des prélèvements d'échantillons peuvent, en toutes circonstances, être opérés d'office dans les magasins, boutiques, ateliers, voitures servant au commerce, ainsi que dans les entrepôts, les abattoirs et leurs dépendances, les halles, foires et marchés, et dans les gares ou ports de départ et d'arrivée.*

Les prélèvements sont obligatoires dans tous les cas où les produits paraissent falsifiés, corrompus ou toxiques.

Les administrations publiques sont tenues de fournir aux agents désignés à l'article 10 tous éléments d'information nécessaires à l'exécution de la loi du 16 avril 1907.

Les entrepreneurs de transports sont tenus de n'apporter aucun obstacle aux réquisitions pour prises d'échantillons et de représenter les titres de mouvement, lettres de voiture, récépissés, connaissements et déclarations dont ils sont détenteurs.

Art. 12. — *Tout prélèvement comporte quatre échantillons, l'un destiné au laboratoire pour analyse, les autres éventuellement destinés aux experts.*

Art. 13. — *Tout prélèvement donne lieu, séance tenante, à la rédaction sur papier libre d'un procès-verbal.*

Ce procès-verbal doit porter les mentions suivantes :

1° Les nom, prénoms, qualité et résidence de l'agent verbalisateur ;

2° La date, l'heure et le lieu où le prélèvement a été effectué ;

3° Les nom, prénoms, profession, domicile ou résidence de la personne chez laquelle le prélèvement a été opéré. Si le prélèvement a lieu en cours de route, les noms et domiciles des personnes figurant sur les lettres de voiture ou les connaissements comme expéditeurs et destinataires ;

4° La signature de l'agent verbalisateur.

Le procès-verbal doit, en outre, contenir un exposé succinct des circonstances dans lesquelles le prélèvement a été opéré, relater les marques et étiquettes apposées sur les enveloppes ou récipients, l'importance du lot de marchandises échantillonné, ainsi que toutes les indications jugées utiles pour établir l'authenticité des échantillons prélevés et l'identité de la marchandise.

Le propriétaire ou détenteur de la marchandise ou, le cas échéant, le représentant de l'entreprise de transport peut, en outre, faire insérer au procès-verbal toutes les déclarations qu'il juge utiles.

Art. 14. — Lorsque la prise d'échantillons est effectuée ailleurs que chez le propriétaire, celui entre les mains de qui elle est opérée est tenu de faire connaître le nom et la demeure de la personne dont il détient la marchandise ; s'il ne veut ou ne peut indiquer ce nom et cette demeure, comme s'il refuse de signer le procès-verbal, mention en est faite audit procès-verbal.

Art. 15. — *Les formalités prescrites par le décret du 31 juillet 1906 dans ses articles 7, 8, 9, 10, 11, 12, 13, 14, dans les deux premiers alinéas de l'article 15 ainsi que dans l'article 16, sont applicables aux prélèvements et aux analyses effectués pour la répression des fraudes dans le commerce du beurre, en exécution de la loi du 16 avril 1897, modifiée par la loi du 23 juillet 1907.*

ART. 16. — *Les règles établies par le décret du 31 juillet 1906 dans ses articles 17, 18, 19, 20, 21 et 24 pour le fonctionnement des expertises contradictoires et pour le remboursement de la valeur des échantillons en cas de non-lieu et d'acquittement, sont applicables lorsqu'il y a lieu à poursuites pour infraction à la loi du 16 avril 1897, modifiée par la loi du 23 juillet 1907.*

TITRE IV

Organisation du service d'inspection

ART. 17. — Le service de surveillance prévu par l'article 6 de la loi du 16 avril 1897 et par le titre I du présent décret est confié à des inspecteurs nommés par le ministre de l'agriculture, parmi les agents de l'administration des contributions indirectes mis, à cet effet, à sa disposition par le ministre des finances.

Ces agents continuent à faire partie de l'administration des contributions indirectes et y conservent leurs droits à l'avancement.

Ils reçoivent, sur le budget du ministère de l'agriculture, le traitement correspondant à leur grade dans l'administration des contributions indirectes et les allocations accessoires arrêtées par le ministre de l'agriculture.

Ceux de ces agents qui auraient révélé les secrets de fabrication venus à leur connaissance seraient immédiatement relevés de leurs fonctions, sans préjudice des autres mesures disciplinaires qui pourraient être prises à leur égard ni des poursuites civiles ou correctionnelles qu'ils auraient encourues.

ART. 18. — Les traitements et allocations accessoires attribués aux inspecteurs sont à la charge du fabricant à l'usine duquel chacun d'eux est attaché.

L'état des frais à rembourser par chaque fabricant, d'après le nombre des agents spécialement affectés à la surveillance de son usine, est arrêté chaque année par le ministre de l'agriculture et transmis au ministre des finances, qui en assure le recouvrement comme en matière de contributions directes.

Les fabricants de margarine et d'oléo-margarine sont tenus de fournir gratuitement un local servant de bureau aux contrôleurs.

ART. 19. — *La surveillance prévue au titre II du présent décret est exercée concurremment avec les officiers de police judiciaire par les autorités qualifiées pour procéder au prélèvement des échantillons et énumérées à l'article 10 ci-dessus.*

Le ministre de l'agriculture et le ministre des finances fixent les indemnités à attribuer, s'il y a lieu, à ces agents en raison du travail supplémentaire qui leur est ainsi imposé.

Art. 20. — Les ministres de l'agriculture et de la justice sont chargés, chacun en ce qui le concerne, de l'exécution du présent décret.

Fait à Paris, le 9 novembre 1897.

FÉLIX FAURE.

Par le président de la République :

Le président du conseil,
ministre de l'agriculture,
J. MÉLINE.

Le ministre de la justice
et des cultes,
DARLAN.

DÉCRET DU 29 AOUT 1907

Art. 1. — (¹) . . . .

Art. 2. — . . . .

Art. 3. — Il sera statué ultérieurement par un règlement d'administration publique sur les conditions d'application à l'Algérie et aux colonies de la loi du 16 avril 1897, modifiée par la loi du 23 juillet 1907.

Les dispositions du décret du 9 novembre 1897 y resteront en vigueur jusqu'à l'application de ce règlement spécial.

Art. 4. — Les ministres de la justice, de l'intérieur, des finances, de l'agriculture, du commerce et de l'industrie, sont chargés, chacun en ce qui le concerne, de l'exécution du présent décret, qui sera publié au *Journal officiel* et inséré au *Bulletin des lois*.

Fait à Rambouillet, le 29 août 1907.

A. FALLIÈRES.

Par le président de la République :

Le président du conseil, ministre de l'intérieur,
G. CLEMENCEAU.

Le ministre de la justice,
Ed. GUYOT-DESSAIGNE.

Le ministre des finances,
J. CAILLAUX.

Le ministre du commerce
et de l'industrie,
Gaston DOUMERGUE.

Le ministre
de l'agriculture,
J. RUAU.

(¹) Les articles 1 et 2 ont apporté les modifications au décret du 9 novembre 1897 indiquées en italiques dans le texte précédent.

DÉCRET DU 3 SEPTEMBRE 1907

RELATIF A LA RÉPRESSION DES FRAUDES EN CE QUI CONCERNE LES VINS,
LES VINS MOUSSEUX ET LES EAUX-DE-VIE ET SPIRITUEUX

Le Président de la République française,

Sur le rapport des ministres de la justice, des finances, de l'agriculture,
du commerce et de l'industrie,

Vu la loi du 1er août 1905 sur la répression des fraudes dans la vente des
marchandises et des falsifications des denrées alimentaires et des produits
agricoles, et notamment l'article 11 ainsi conçu :

« Il sera statué par des règlements d'administration publique sur les
mesures à prendre pour assurer l'exécution de la présente loi, notamment
en ce qui concerne :

« 1° La vente, la mise en vente, l'exposition et la détention des denrées,
boissons, substances et produits qui donneront lieu à l'application de la présente loi ;

« 2° Les inscriptions et marques indiquant soit la composition, soit l'origine des marchandises, soit les appellations régionales et de crus particuliers que les acheteurs pourront exiger sur les factures, sur les emballages
ou sur les produits eux-mêmes, à titre de garantie de la part des vendeurs,
ainsi que les indications extérieures ou apparentes nécessaires pour assurer
la loyauté de la vente et de la mise en vente » ;

Vu la loi du 6 août 1905, relative à la répression des fraudes sur les vins
et au régime des spiritueux ;

Vu la loi du 29 juin 1907, tendant à prévenir le mouillage des vins et les
abus du sucrage ;

Vu la loi du 15 juillet 1907, concernant le mouillage et la circulation des
vins et le régime des spiritueux ;

Vu le décret du 31 juillet 1906, réglementant les prélèvements, analyses
et expertises pour l'application de la loi du 1er août 1905 en ce qui concerne
les boissons, les denrées alimentaires et les produits agricoles ;

Le Conseil d'État entendu,

DÉCRÈTE :

TITRE I

Vins

ART. 1. — Aucune boisson ne peut être détenue ou transportée en vue de
la vente, mise en vente ou vendue sous le nom de vin que si elle provient exclusivement de la fermentation du raisin frais ou du jus de raisin
frais.

Art. 2. — Sont considérées comme frauduleuses les manipulations et pratiques qui ont pour objet de modifier l'état naturel du vin, dans le but soit de tromper l'acheteur sur les qualités substantielles ou l'origine du produit, soit d'en dissimuler l'altération.

En conséquence, rentre dans les cas prévus par l'article 3 de la loi du 1er août 1905 et par l'article 4 de la loi du 29 juin 1907 le fait d'exposer, de mettre en vente ou de vendre, sous forme indiquant leur destination ou leur emploi, tous produits, de composition secrète ou non, propres à effectuer les manipulations ou pratiques ci-dessus visées.

Art. 3. — Ne constituent pas des manipulations et pratiques frauduleuses aux termes de la loi du 1er août 1905 les opérations ci-après énumérées, qui ont uniquement pour objet la vinification régulière ou la conservation des vins :

1° En ce qui concerne les vins :

Le coupage des vins entre eux ;

La congélation des vins en vue de leur concentration partielle ;

La pasteurisation ;

Les collages au moyen de clarifiants consacrés par l'usage tels que l'albumine pure, le sang frais, la caséine pure, la gélatine pure ou la colle de poisson ;

L'addition du tanin dans la mesure indispensable pour effectuer le collage au moyen des albumines ou de la gélatine ;

La clarification des vins blancs tachés, au moyen du charbon pur ;

Le traitement par l'anhydride sulfureux pur provenant de la combustion du soufre, et par les bisulfites alcalins cristallisés purs. Les quantités employées seront telles que le vin ne retienne pas plus de 350 milligrammes d'anhydride sulfureux, libre et combiné, par litre. En aucun cas, les bisulfites alcalins ne peuvent être employés à une dose supérieure à 20 grammes par hectolitre ;

2° En ce qui concerne les moûts :

Indépendamment de l'emploi du plâtre et du sucre dans les limites fixées par les lois du 11 juillet 1891 et du 28 janvier 1903 :

Le traitement par l'anhydride sulfureux et par les bisulfites alcalins dans les conditions fixées ci-dessus pour les vins ;

L'addition de tanin ;

L'addition à la cuve d'acide tartrique cristallisé pur dans les moûts insuffisamment acides. L'emploi simultané de l'acide tartrique et du sucre est interdit ;

L'emploi des levures sélectionnées.

Art. 4. — Dans les établissements où s'exerce le commerce de détail des vins, il doit être apposé d'une manière apparente, sur les récipients, emballages, casiers ou fûts, une inscription indiquant la dénomination sous laquelle le vin est mis en vente.

Cette inscription n'est pas obligatoire pour les bouteilles et récipients dans lesquels les vins de consommation courante sont emportés séance tenante par l'acheteur ou servis par le vendeur pour être consommés sur place.

Les inscriptions doivent être rédigées sans abréviation, et disposées de façon à ne pas dissimuler la dénomination du produit.

TITRE II

Vins mousseux

ART. 5. — Les dispositions du titre I du présent décret sont applicables aux vins mousseux.

Indépendamment des manipulations et pratiques prévues à l'article 3 ci-dessus, sont considérés comme licites, en ce qui concerne spécialement les vins mousseux :

1° Les manipulations et traitements connus sous le nom de méthode champenoise ;

2° La gazéification par addition d'acide carbonique pur.

Aucun vin ne peut être détenu ou transporté en vue de la vente, mis en vente ou vendu sous la seule dénomination de « vin mousseux » que si son effervescence résulte d'une seconde fermentation alcoolique en bouteilles, soit spontanée, soit produite suivant la méthode champenoise.

Lorsque l'effervescence d'un vin est produite, même partiellement, par l'addition d'acide carbonique, il n'est pas interdit d'employer dans sa dénomination le mot « mousseux », mais à la condition qu'il soit accompagné du terme « fantaisie », ou d'un qualificatif différenciant ce vin de ceux prévus à l'alinéa précédent, de telle façon qu'aucune confusion ne soit possible dans l'esprit de l'acheteur sur le mode de fabrication employé, la nature ou l'origine du produit.

Dans les inscriptions et marques figurant sur les récipients, le mot « mousseux » et le qualificatif qui l'accompagne, ou le terme « fantaisie », doivent être imprimés en caractères identiques.

TITRE III

Eaux-de-vie et spiritueux

ART. 6. — Il est interdit de détenir ou de transporter en vue de la vente, de mettre en vente ou de vendre sous les dénominations fixées au présent article, des produits autres que ceux ayant, aux termes dudit article, un droit exclusif à ces dénominations.

Les dénominations d'eaux-de-vie de vin, d'alcool de vin ou d'esprit-de-vin sont réservées aux produits provenant de la distillation exclusive du vin tel qu'il est défini au titre I du présent règlement.

Les dénominations d'eaux-de-vie de cidre ou de poiré sont réservées aux produits provenant de la distillation exclusive des cidres et des poirés.

La dénomination d'eau-de-vie de marc ou de marc est réservée à l'eau-de-vie provenant de la distillation exclusive des marcs de raisin frais additionnés ou non d'eau.

La dénomination de kirsch est réservée au produit exclusif de la fermentation alcoolique ou de la distillation des cerises ou des merises.

Les dénominations d'eaux-de-vie de prunes, mirabelles, quetsch ou de tous autres fruits sont réservées au produit exclusif de la fermentation alcoolique et de la distillation desdits fruits.

La dénomination de genièvre est réservée à la boisson alcoolique obtenue, dans les conditions prévues à l'article 15 de la loi du 30 mars 1902, par la distillation simple en présence de baies de genièvre, du moût fermenté de seigle, de blé, d'orge ou d'avoine.

La dénomination de rhum ou de tafia est réservée au produit exclusif de la fermentation alcoolique et de la distillation soit du jus de la canne à sucre, soit des mélasses ou sirops provenant de la fabrication du sucre de canne.

Art. 7. — Les spiritueux visés à l'article précédent, lorsqu'ils ne proviennent pas en totalité d'une même région ou d'un même cru, ne peuvent être désignés sous l'appellation réservée aux produits de cette région ou de ce cru particulier.

Les mélanges d'eaux-de-vie de cidre, de poiré, de prunes, mirabelle, quetsch ou de tous autres fruits avec de l'eau-de-vie de vin ou avec des alcools d'industrie, ainsi que les mélanges d'eaux-de-vie de vin et d'alcools d'industrie, peuvent être désignés sous le nom d'eaux-de-vie.

Les mélanges d'eaux-de-vie de marc, de kirsch, de rhum ou de tafia avec des eaux-de-vie ou avec des alcools d'industrie peuvent être désignés sous leur nom spécifique, mais accompagné du terme « fantaisie » ou d'un qualificatif les différenciant des produits définis à l'article précédent, de telle façon qu'aucune confusion ne puisse se produire dans l'esprit de l'acheteur sur la nature ou l'origine des produits.

Dans les inscriptions et marques servant à désigner les mélanges ou les spiritueux visés au présent article, la dénomination du produit et le qualificatif qui l'accompagne, ou le terme « fantaisie ». doivent être imprimés en caractères identiques.

Art. 8. — Sont considérées comme frauduleuses les manipulations et pratiques destinées à modifier l'état naturel des eaux-de-vie et spiritueux dans le but de tromper l'acheteur sur les qualités substantielles, la composition ou l'origine de ces produits.

En conséquence, rentre dans le cas prévu par l'article 3 de la loi du 1er août 1905 le fait d'exposer, de mettre en vente ou de vendre, sous forme indiquant leur destination ou leur emploi, tous produits, de composition secrète ou non, pouvant servir à effectuer les manipulations ou opérations ci-dessus visées.

Art. 9. — Dans tous les établissements où s'exerce le commerce de détail des eaux-de-vie et spiritueux, les bouteilles, récipients et emballages renfermant les produits visés au présent titre doivent porter une inscription indiquant, en caractères apparents, la dénomination sous laquelle ces produits sont mis en vente ou détenus en vue de la vente.

Cette inscription doit être rédigée sans abréviation et disposée de façon à ne pas dissimuler la dénomination du produit.

TITRE IV

Dispositions générales applicables aux vins, aux vins mousseux et aux eaux-de-vie et spiritueux

Art. 10. — En vue d'assurer la protection des appellations régionales et de crus particuliers réservés aux vins, vins mousseux, eaux-de-vie et spiritueux qui ont, par leur origine, un droit exclusif à ces appellations, il sera statué ultérieurement, par des règlements d'administration publique, sur la délimitation des régions pouvant prétendre exclusivement aux appellations de provenance des produits.

Art. 11. — Il est interdit à toute personne se livrant au commerce des vins ou des eaux-de-vie et spiritueux, de faire figurer sur ses étiquettes, marques, factures, papiers de commerce, emballages et récipients, la mention « propriétaire à », « viticulteur à », « négociant à », ou « commerçant à », suivie du nom d'une région ou d'un cru particulier sur le territoire desquels elle ne possède ni propriété, ni vignoble, ni établissement commercial.

Art. 12. — Lorsqu'un nom de localité constitue une appellation désignant un produit qui a un droit exclusif à cette appellation, les propriétaires, viticulteurs, négociants ou commerçants résidant dans cette localité, quand ils mettent en vente ou vendent un produit n'ayant pas droit à ladite appellation, ne peuvent faire figurer sur leurs étiquettes, marques, factures, papiers de commerce, emballages et récipients, le nom de ladite localité qu'à condition de le faire précéder des mots « propriétaire à », « viticulteur à », « négociant à » ou « commerçant à », suivis de l'indication du département où est située la localité, le tout imprimé en caractères identiques.

Art. 13. — L'emploi de toute indication ou signe susceptible de créer dans l'esprit de l'acheteur une confusion sur la nature ou sur l'origine des produits visés au présent décret, lorsque, d'après la convention ou les usages, la désignation de l'origine attribuée à ces produits devra être considérée comme la cause principale de la vente, est interdit en toutes circonstances et sous quelque forme que ce soit, notamment :

1° Sur les récipients et emballages ;

2° Sur les étiquettes, capsules, bouchons, cachets ou tout autre appareil de fermeture ;

3° Dans les papiers de commerce, factures, catalogues, prospectus, prix-courants, enseignes, affiches, tableaux-réclames, annonces ou tout autre moyen de publicité.

Art. 14. — Un délai de six mois, à dater de la publication du présent règlement, est accordé aux intéressés pour se conformer aux prescriptions des articles 4, 5, 7, 9, 12 et 13, en ce qui concerne les inscriptions réglementaires.

Art. 15. — Le ministre de la justice, le ministre des finances, le ministre de l'agriculture, le ministre du commerce et de l'industrie sont chargés, chacun en ce qui le concerne, de l'exécution du présent décret. qui sera publié au *Journal officiel de la République française* et inséré au *Bulletin des lois.*

Fait à Rambouillet, le 3 septembre 1907.

A. FALLIÈRES.

Par le président de la République :

Le ministre de la justice,
Ed. Guyot-Dessaigne.

Le ministre des finances,
J. Caillaux.

Le ministre de l'agriculture,
J. Ruau.

Le ministre du commerce et de l'industrie,
Gaston Doumergue.

CIRCULAIRE DU 14 JANVIER 1908

RELATIVE AUX PRÉLÈVEMENTS SUR LES BOISSONS

I. — La loi du 1er août 1905, concernant la répression des fraudes, autorise le prélèvement d'échantillons sur les boissons qui paraissent falsifiées ou adultérées. Suivant qu'ils sont effectués dans les magasins des redevables jouissant du crédit de l'impôt ou en cours de transport, ces prélèvements peuvent entraîner soit la constatation de manquants au compte des redevables, soit un défaut d'identité entre le titre de mouvement et le chargement.

Pour obvier à ces inconvénients en ce qui concerne les *eaux-de-vie et spiritueux, vermouts, vins de liqueur ou d'imitation* et *vinaigres,* vous voudrez bien, *aussitôt le prélèvement effectué,* adresser au directeur départemental des contributions indirectes dans la circonscription duquel se trouvent le lieu de destination des boissons expédiées ou les magasins où l'échantillon est prélevé un procès-verbal administratif, sur papier libre, indiquant :

1° La date et le lieu de l'opération ;

2º Le nom et l'adresse du redevable chez lequel aura été faite la prise d'échantillon, ou bien l'analyse du titre de mouvement accompagnant le chargement contrôlé en cours de route (espèce, — congé, acquit, etc., — bureau d'origine, numéro, date, noms et adresses de l'expéditeur et du destinataire, quantité totale énoncée) ;

3º L'espèce et le volume du liquide échantillonné et, lorsque la chose vous sera possible, le degré alcoolique s'il s'agit de spiritueux, de vermouts ou de vins de liqueur, ou le degré acétimétrique s'il s'agit de vinaigres.

Pour donner à ces documents un caractère plus certain d'authenticité, il conviendrait qu'après les avoir signés vous les revêtissiez de votre cachet personnel ou administratif.

En ce qui concerne les *vins, cidres, poirés,* étant donnés, d'une part, la somme minime des droits que représentent les quantités prélevées à titre d'échantillon, d'autre part le faible volume des prélèvements par rapport à l'importance des chargements de ces boissons, j'estime que pareille mesure est inutile.

Afin de vous mettre en mesure de renseigner les intéressés sur les conditions dans lesquelles s'exercera le contrôle de l'administration des contributions indirectes à l'égard des marchandises sur lesquelles un prélèvement aura été opéré, j'ai l'honneur de vous faire connaître les instructions qui viennent d'être adressées à ce sujet aux agents de cette administration.

Quand le prélèvement aura été effectué dans les magasins d'un redevable jouissant du crédit de l'impôt, le service des contributions indirectes, au vu du procès-verbal administratif qui lui aura été transmis, donnera décharge, par un acte motivé au compte de l'intéressé, de la quantité échantillonnée, sauf, s'il y a lieu, rectification ultérieure, en ce qui concerne le degré des alcools, des vermouts et des vins de liqueur et des vinaigres.

Lorsque le prélèvement aura lieu en cours de route, la représentation du récépissé, qui, *en vue d'un remboursement éventuel,* est remis au transporteur conformément aux prescriptions de l'article 9 du décret du 31 juillet 1906, permettra de justifier, aussi bien d'ailleurs pour les vins, les cidres et les poirés que pour les spiritueux, les vermouts et vins de liqueur et les vinaigres, le défaut d'identité que les vérifications ultérieures pourraient faire apparaître. Après reconnaissance du chargement à l'arrivée, le service des contributions indirectes du point de destination effectuera, le cas échéant, la liquidation des droits ou la prise en charge, d'après la quantité de boisson reconnue ; mais pour les alcools, les vermouts et vins de liqueur et les vinaigres, la décharge de l'acquit-à-caution restera suspendue jusqu'à ce que la réception du procès-verbal administratif ait permis de s'assurer que la différence constatée en moins correspond bien à la quantité prélevée à titre d'échantillon.

II. — Je vous rappelle que la valeur des échantillons prélevés en dehors des barrières, sur un produit à destination d'une ville à octroi, ne doit pas être majorée des droits d'octroi correspondant à la quantité prélevée, car la taxe est perçue sur la quantité réelle de la marchandise qui pénètre dans la ville et ne porte, par conséquent, pas sur le manquant.

III. — On sait que certaines boissons ne peuvent, sans s'altérer profondément, rester dans des fûts en vidange. C'est le cas des vins, des bières et des cidres. Vous devrez donc vous efforcer d'opérer des prélèvements dans des conditions telles que l'expéditeur soit à même de remplir à nouveau le fût (il conviendrait à cet effet de lui envoyer un avis aussitôt après le prélèvement) ou que le destinataire puisse prendre livraison avant que le produit ait eu le temps de s'altérer dans le fût en vidange. Autrement dit, il est désirable que les prélèvements de cette nature soient effectués au départ ou à l'arrivée.

Dans le même but de ne pas causer de dommages inutiles aux intéressés, vous voudrez bien éviter, autant que possible, l'emploi du foret, qui détériore les fûts.

Dans un ordre d'idées analogue, je ne saurais trop vous recommander de ne jamais vous départir, dans l'exécution des prélèvements, de tout le tact nécessaire, afin de ne pas éveiller dans le public des soupçons injustes et prématurés à l'égard des commerçants qui sont l'objet de cette mesure de contrôle.

IV. — Enfin, aussi bien pour les boissons que pour les denrées alimentaires en général, j'appelle votre attention sur la nécessité de sceller les échantillons de telle sorte qu'aucune substitution de produits ne soit possible ; et, à cet égard, vous pouvez offrir aux intéressés, comme garantie, d'apposer leur signature sur les étiquettes, et leur cachet sur les échantillons. Toutefois, ledit cachet ne devra pas être apposé sur *l'un* des quatre échantillons, qui ne devra porter aucune indication, afin d'être envoyé au laboratoire dans les conditions voulues par le décret du 31 juillet 1906.

Le ministre de l'agriculture,
J. RUAU.

DÉCRET DU 11 MARS 1908

PORTANT RÈGLEMENT D'ADMINISTRATION PUBLIQUE POUR L'EXÉCUTION DE LA LOI DU 1er AOUT 1905 EN CE QUI CONCERNE LES GRAISSES ET HUILES COMESTIBLES

Le Président de la République française,

Sur le rapport des ministres de la justice, des finances, de l'agriculture, du commerce et de l'industrie,

Vu la loi du 1er août 1905 sur la répression des fraudes dans la vente des marchandises et des falsifications des denrées alimentaires et des produits agricoles et notamment l'article 11 ainsi conçu :

« Il sera statué par des règlements d'administration publique sur les mesures à prendre pour assurer l'exécution de la présente loi, notamment en ce qui concerne :

« 1° La vente, la mise en vente, l'exposition et la détention des denrées, boissons, substances et produits qui donneront lieu à l'application de la présente loi ;

« 2° Les inscriptions et marques indiquant soit la composition, soit l'origine des marchandises, soit les appellations régionales et de crus particuliers que les acheteurs pourront exiger sur les factures, sur les emballages ou sur les produits eux-mêmes, à titre de garantie de la part des vendeurs, ainsi que les indications extérieures ou apparentes nécessaires pour assurer la loyauté de la vente et de la mise en vente » ;

Vu la loi du 16 avril 1897 sur les fraudes dans la vente des beurres et la fabrication de la margarine, modifiée par la loi du 1er août 1905 susvisée et par la loi du 23 juillet 1907 ;

Vu le décret du 31 juillet 1906 réglementant les prélèvements, analyses et expertises pour l'application de la loi du 1er août 1905 en ce qui concerne les boissons, les denrées alimentaires et les produits agricoles ;

Vu le décret du 9 novembre 1907 modifié par le décret du 29 août 1907 portant règlement d'administration publique pour l'exécution de la loi du 16 avril 1897 modifiée par la loi du 23 juillet 1907 susvisée ;

Le Conseil d'État entendu,

Décrète :

Art. 1. — Il est interdit de détenir ou de transporter en vue de la vente, de mettre en vente ou de vendre :

1° Sous le nom de « saindoux » tout produit ne provenant pas exclusivement des tissus adipeux du porc ;

2° Sous le nom de « saindoux pure panne » tout produit ne provenant pas exclusivement de la panne de porc.

Ces produits sont obtenus par l'extraction à chaud ; ils perdent tout droit à ces appellations lorsqu'ils ont subi ultérieurement une manipulation susceptible de modifier leur composition naturelle ou leur teneur en principes utiles.

Art. 2. — Toute matière grasse comestible concrète à la température de 15 degrés, autre que le beurre et le saindoux, vendue à l'état pur, peut être désignée sous le nom de « graisse », mais cette dénomination doit être complétée par l'indication de la matière animale ou végétale d'où la graisse est tirée.

Tout mélange concret à la température de 15 degrés de matières grasses comestibles pures, concrètes ou fluides, à l'exception des produits visés par l'article 2 de la loi du 16 avril 1897, doit être désigné sous une dénomination qui le distingue nettement des graisses pures visées au précédent paragraphe.

Art. 3. — Il est interdit de détenir ou de transporter en vue de la vente, de mettre en vente ou de vendre sous la dénomination d'« huile d'olive », de

« noix » ou de tout autre fruit ou graine, avec ou sans qualificatif, une huile
ne provenant pas exclusivement des olives, des noix ou des fruits ou graines
indiqués dans ladite dénomination.

ART. 4. — Les dénominations usitées dans le commerce pour désigner soit
les mélanges de graisses, soit les mélanges d'huiles comestibles, peuvent être
accompagnées de l'indication d'un ou de plusieurs des éléments constituant
le mélange, mais à la condition que la mention complémentaire fasse connaître exactement la proportion dans laquelle le ou les éléments dénommés
entrent dans le mélange.

Les dénominations et mentions ci-dessus prévues doivent être imprimées
en caractères identiques.

ART. 5. — Il est interdit à toute personne se livrant au commerce des
huiles de faire figurer sur ses étiquettes, marques, factures, papiers de commerce, emballages et récipients, l'indication « propriétaire à   », « oléi-
culteur à   », « négociant à   » ou « commerçant à   » suivie
du nom d'une région ou d'une localité dans laquelle elle ne possède ni propriété, ni culture, ni établissement commercial ou industriel.

ART. 6. — L'emploi de toute indication ou signe susceptibles de créer dans
l'esprit de l'acheteur une confusion sur la nature ou sur l'origine des produits
visés au présent décret, lorsque, d'après la convention ou les usages, la désignation de l'origine attribuée à ces produits devra être considérée comme la
cause principale de la vente, est interdit en toutes circonstances et sous
quelque forme que ce soit, notamment :

1º Sur les récipients et emballages ;

2º Sur les étiquettes, capsules, bouchons, cachets ou tout autre appareil de
fermeture ;

3º Dans les papiers de commerce, factures, catalogues, prospectus, prix-
courants, enseignes, affiches, tableaux-réclames, annonces, ou tout autre
moyen de publicité.

ART. 7. — Dans tous les établissements où s'exerce le commerce des
graisses et des huiles comestibles, les produits mis en vente ou les récipients et emballages qui les contiennent doivent porter une inscription indiquant, en caractères apparents, la dénomination sous laquelle ces produits
sont mis en vente. Cette inscription doit être rédigée sans abréviation et disposée de façon à ne pas dissimuler la dénomination du produit.

L'inscription portée sur les récipients ou emballages dans lesquels la marchandise est livrée doit indiquer, en caractères apparents, soit le poids net,
soit le poids brut et la tare d'usage.

ART. 8. — Le présent décret ne sera exécutoire que dans un délai de trois
mois à dater de sa publication en ce qui concerne les articles 4, 5, 6 et 7
dudit décret.

Art. 9. — Le ministre de la justice, le ministre des finances, le ministre de l'agriculture, le ministre du commerce et de l'industrie sont chargés, chacun en ce qui le concerne, de l'exécution du présent décret, qui sera publié au *Journal officiel de la République française* et inséré au *Bulletin des lois*.

Fait à Paris, le 11 mars 1908.

A. FALLIÈRES.

Par le président de la République :

Le *ministre de la justice,*
A. BRIAND.

Le *ministre des finances,*
J. CAILLAUX.

Le *ministre de l'agriculture,*
J. RUAU.

Le *ministre du commerce et de l'industrie,*
J. CRUPPI.

TABLE DES MATIÈRES

Nancy, impr. Berger-Levrault et Cie

BERGER-LEVRAULT ET Cie, LIBRAIRES-ÉDITEURS

PARIS, 5, rue des Beaux-Arts. — 18, rue des Glacis, NANCY

Guide pratique de l'Expert-chimiste en denrées alimentaires, par G. PELLERIN, pharmacien-major de l'armée. Préface de M. le professeur JACQUEMIN, directeur honoraire de l'École supérieure de pharmacie de Nancy. 1906. Un volume in-8 de 690 pages, avec 86 figures, relié en percaline . . . . **11 fr.**

Manuel de l'Inspecteur des denrées alimentaires, à l'usage des inspecteurs et des commerçants, par J. BELLENGER, commissaire de police expert, inspecteur au laboratoire de chimie de la préfecture de police. 1894. Un volume de 341 pages, broché . . . . **3 fr. 50**
Relié en percaline. . . . . **4 fr. 50**

Glycogénie et Alimentation rationnelle au sucre. *Étude d'hygiène alimentaire sociale et rationnement du bétail*, par J. ALQUIER, ingénieur agronome, chimiste-expert près les tribunaux de la Seine, et A. DROUINEAU, médecin-major de 2e classe au 2e escadron du train des équipages. 1904. Deux volumes gr. in-8 de 736 pages, avec 30 fig. et graphiques, brochés. **12 fr.**

Valeur et rôle alimentaire du sucre chez l'homme et chez les animaux. *Le sucre et l'énergie musculaire chez le soldat. Le sucre et l'alimentation du cheval. La mélasse et les fourrages mélassés dans l'alimentation des animaux, etc.*, par Louis GRANDEAU, directeur de la station agronomique de l'Est. 1903. Un volume grand in-8, broché. . . . . . **3 fr.**

Analyse et contrôle des semences forestières, par M.-A. FRON, inspecteur adjoint des forêts. 1907. Un volume grand in-8 avec figures, broché . . . . **3 fr.**

Barème des Droits de circulation sur les vins, cidres, poirés et hydromels, et des Droits de consommation sur les alcools et vins de liqueurs. Loi du 29 décembre 1900, par A. DUTRUC, commis des contributions indirectes. Grand in-8 en tableaux de calculs, sur fort papier vélin, cartonné. . . . . **2 fr.**

Dictionnaire de l'Administration française, par Maurice BLOCK, membre de l'Institut. 5e édition, refondue et considérablement augmentée, sous la direction d'Édouard MAGUÉRO, directeur de l'enregistrement. 1905. Deux tomes formant un volume grand in-8 de 2 741 pages, brochés, avec un *Supplément* novembre 1907, de 112 pages. . . . . **42 fr. 50**
Reliés en demi-maroquin, plats toile, avec le *Supplément* broché . . . . **50 fr.** »

Répertoire de Police administrative et judiciaire. *Législation et réglementation. Jurisprudence et doctrine.* Publié sous la direction de M. LÉPINE, préfet de police, par Louis COURCELLE, attaché au cabinet du préfet de police. Avec une lettre-préface de M. Charles MAZEAU, premier président de la Cour de cassation, ancien ministre de la justice. 1899. Deux volumes grand in-8 (2 800 pages à deux colonnes), brochés. . **60 fr.** — Reliés. . . **70 fr.**

Compétence et Organisation des Justices de paix. *Commentaire doctrinal et pratique de la loi du 12 juillet 1905*, par Jean CRUPPI, député, rapporteur de la loi, avocat à la cour de Paris. Avec la collaboration de Fernand BRICOUT, docteur en droit, juge au tribunal civil de Lille. 1906. Un volume in-8 de 384 pages, broché. . **6 fr.** — Relié en percaline. . **7 fr. 50**

La Loi municipale. *Commentaire de la loi du 5 avril 1884 sur l'organisation et les attributions des conseils municipaux*, par Léon MORGAND, chef de bureau au ministère de l'intérieur. 1er volume : *Organisation.* — 2e volume : *Attributions et comptabilité.* 7e édition. 1906. Mise à jour par une annexe 1908. Deux forts volumes in-8, 1 514 pages, brochés . . **18 fr.**
Reliés en percaline . . . . **21 fr.**

Les Sociétés de Secours mutuels. *Commentaire de la loi du 1er avril 1898*, par J. BARBERET, directeur de la mutualité au ministère de l'intérieur. 4e édition, revue et augmentée. 1904. Un volume in-8 de 512 pages, broché. . . . . **6 fr.** — Relié en percaline. . . . **7 fr. 50**

La Mutualité pratique. *Guide à l'usage des administrateurs des sociétés de secours mutuels dans leurs rapports avec l'administration supérieure*, par Georges ASSANIS, rédacteur à la Direction de la mutualité au ministère du travail. Avec une préface par Fr. MASCLE, directeur de la mutualité. 1908. Un volume in-8 avec tableaux, broché. **4 fr.** — Relié en percaline. **5 fr.**

Législation du Travail et Lois ouvrières. *Classification, Commentaire, Jurisprudence, Législation comparée, Projets et propositions de lois*, par Daniel MASSÉ, conseiller de préfecture. 1904. Un vol. gr. in-8 de 986 pages, broché. **15 fr.** — Relié en demi-maroquin. **18 fr.**

Les Syndicats professionnels. *Commentaire de la loi du 21 mars 1884*, par BRUNOT, chef du cabinet du sous-secrétaire d'État au ministère de l'intérieur. 1885. Volume in-8, br. **7 fr. 50**

Législation des Logements insalubres. *Commentaire pratique des lois du 15 février 1902 et du 7 avril 1903 relatives à la protection de la santé publique*, par G. JOURDAN, chef de service honoraire à la préfecture de la Seine. Nouvelle édition, entièrement remaniée, comprenant les principaux règlements sur la salubrité publique. 1904. Un volume in-8 de 500 pages, broché. . . . . **6 fr.** — Relié en percaline. . . . . **7 fr. 50**
— **Supplément** (1er novembre 1906). Un volume in-8 de 101 pages, broché. . . . **1 fr. 50**

Nancy, impr. Berger-Levrault et Cie

www.ingramcontent.com/pod-product-compliance
Ingram Content Group UK Ltd.
Pitfield, Milton Keynes, MK11 3LW, UK
UKHW020034080726
13614UKWH00004B/1753